Geyer/Ronzal: Führen und Verkaufen in der Zweigstelle
Band 2

Günther Geyer
Wolfgang Ronzal

Führen und Verkaufen in der Zweigstelle

Band 2

Weitere 100 Erfolgstips für Kreditinstitute

GABLER

Die Deutsche Bibliothek – CIP-Einheitsaufnahme

Geyer, Günther:
Führen und Verkaufen in der Zweigstelle / Günther Geyer ; Wolfgang Ronzal. – Wiesbaden: Gabler.
NE: Ronzal, Wolfgang:
Bd. 2 Weitere 100 Erfolgstips für Kreditinstitute – 1992
ISBN 3-409-14759-4

Der Gabler Verlag ist ein Unternehmen der Verlagsgruppe Bertelsmann International.

Lektorat: Karlheinz Müssig

Höchste inhaltliche und technische Qualität ist unser Ziel. Bei der Produktion und Verbreitung unserer Bücher wollen wir die Umwelt schonen: Dieses Buch ist auf säurefreiem und chlorarm gebleichtem Papier gedruckt. Die Einschweißfolie besteht aus Polyäthylen und damit aus organischen Grundstoffen, die weder bei der Herstellung noch bei der Verbrennung Schadstoffe freisetzen.

Satz: Satzstudio RESchulz, Dreieich-Buchschlag
Druck: C. W. Niemeyer, Hameln
Buchbinderei: Gehring, Bielefeld
Printed in Germany

ISBN 3-409-14759-4

Vorwort

Seit über fünf Jahren erscheint monatlich der Informationsdienst „Erfolgreicher Führen und Verkaufen in der Zweigstelle" für Filial-, Geschäftsstellen- und Zweigstellenleiter von Banken und Sparkassen sowie deren Mitarbeiter. Aus den Inhalten der ersten beiden Jahrgänge entstand der Band 1 dieser Buchreihe.

Die sehr erfreulichen Reaktionen auf unser erstes gemeinsames Buch *Führen und Verkaufen in der Zweigstelle – 100 Erfolgstips für Kreditinstitute* haben uns zur Aktualisierung und Ergänzung der nächsten Jahrgänge ermuntert. Hier liegt jetzt *Führen und Verkaufen in der Zweigstelle (Band 2) – Weitere 100 Erfolgstips für Kreditinstitute* vor.

Wieder ist es unser Ziel, Ihnen und Ihren Mitarbeitern praxisbewährte und sofort anwendbare Tips zum Führungs- und Verkaufsverhalten zu liefern. Aus vielen Gesprächen, Briefen und Telefonaten mit unseren Lesern haben wir einige Anregungen zur Umsetzung der in diesem Buch enthaltenen Tips zusammengestellt:

- *Individuelle Lektüre*
  Ihr Vorteil:
  Sie erhalten übersichtlich gegliedert praxiserprobte Tips zum Führen und Verkaufen
- *Hinweise (z. B. Kopien) an alle Mitarbeiter im Verkauf*
  Ihr Vorteil:
  Ihre Mitarbeiter erhalten konkrete Ideen für erfolgreicheres Verkaufen; Sie initiieren Gespräche im Mitarbeiterkreis zum Dauerthema ‚Verkaufen'
- *Gezielte Hinweise an einzelne Mitarbeiter*
  Ihr Vorteil:
  Sie wählen aus vielen Tips Mitarbeiterspezifisches aus; Sie erhalten eine solide Basis für gezielte Mitarbeitergespräche
- *Zentrales Nachschlagewerk zum Führen und Verkaufen*
  Ihr Vorteil:
  Sie verfügen (vor allem auch mit Band 1 dieses Buches) über das gesammelte Wissen für alle Mitarbeiter vor Ort; Sie sichern sich und Ihren Mitarbeitern einen schnellen Zugriff zu Führungs- und Verkaufsideen

- *Für jede Mitarbeiter-/Verkäuferbesprechung ein Tip*
  Ihr Vorteil:
  Sie greifen das Thema ‚Verkaufen' kontinuierlich auf; Sie ersparen sich die Vorbereitungszeit durch die überschaubaren Tips

Natürlich interessieren uns – Autoren und Verlag – Ihre Erfahrungen mit unseren Tips für erfolgreicheres Führen und Verkaufen. Wir sind für jeden Hinweis und jede Information über die Umsetzung der Tips in die tägliche Arbeitspraxis dankbar.

Erfolgreiche Führungskräfte und Verkäufer suchen immer wieder nach neuen Wegen, Anregungen und Ideen. Nehmen Sie sich bei der vor Ihnen liegenden Lektüre dieses Buches nicht zuviel vor. Denn: Tausend Ideen sind gut – eine umgesetzte Idee ist allerdings viel besser.

Günther Geyer
Bensheim im August 1991

Wolfgang Ronzal
Wien im August 1991

Inhaltsverzeichnis

Kapitel 1: VERKAUFEN

001 Tip 189 aus Nr. 9/89	Kaufen oder Verkaufen?

Immer wieder hören wir von Führungskräften und Verkäufern in Banken und Sparkassen den Begriff

‚**Verkauf**sargument'.

Eigentlich liegt in diesem Wort ein weitreichendes Mißverständnis verborgen: Aus dem Blickwinkel von Kunden können Verkaufsargumente kaum Faszination ausstrahlen. Der Begriff ‚Verkauf' signalisiert sehr klar eine Grundeinstellung vom Kreditinstitut zum Kunden hin. Die Sprache macht es deutlich: Das Kreditinstitut hat eine Dienstleistung kreiert und der Mitarbeiter hat sie an seine Kunden zu verkaufen.

Was könnte einen Bank- oder Sparkassenkunden mehr überzeugen?

Ändern Sie die Wortwahl. Ersetzen Sie den Begriff ‚Verkaufsargument' durch

‚**Kauf**argument'.

Damit stellen Sie den Nutzen von Dienstleistungen aus der Kundensicht in den Mittelpunkt der sprachlichen Aussage. Machen Sie mit Ihren Mitarbeitern also nicht den sehr weit verbreiteten Fehler, daß Sie Argumente aus Ihrer Sicht oder aus der Sicht Ihres Kreditinstitutes sehen. Kunden interessieren sich kaum für den Verkäuferstandpunkt.

Argumente sollen kundenbezogen sein, das heißt, sie müssen die für den Kunden wichtigsten Vorteile berücksichtigen:

- Der Kunde kauft nicht den Sparbrief als Sparbrief. Er kauft den Sparbrief, um daraus Nutzen zu ziehen: regelmäßiger Ertrag, sichere Anlage, automatische Zinsausschüttungen usw.
- Ihr Kunde kauft das Gehaltskonto nicht als Konto. Er eröffnet das Konto, um direkte Vorteile zu nutzen: Wege und Zeit sparen, schnelle und automatische Zahlungseingänge und -ausgänge, klare Übersicht über Geldbewegungen usw.
- Ihr Kunde kauft keinen Kredit als Kredit. Er entscheidet sich für eine Finanzierung, um persönliche Vorteile zu nutzen: vorgezogene Realisierung von größeren Wünschen, Einsparungen durch das Ausnutzen von Chancen usw.

Sprechen Sie gezielt mit Ihren Mitarbeitern über Argumente. Achten Sie darauf, daß Sie *von Kaufargumenten für Ihre Kunden* und nicht von Verkaufsargumenten für Ihre Leistungen sprechen. Damit realisieren Sie praktische Kundenorientierung.

002 Tip 176 aus Nr. 6/89	Erfolgreich verkaufen durch Reservierungen

Die Frage nach schnellen und sehr wahrscheinlichen Verkaufsabschlüssen durch aktives Verkaufen stellt sich immer wieder. Ein in der Verkaufspraxis bewährter und sicherer Weg sind *Reservierungen von Angeboten und Leistungen* für Kunden. Das Einsatzgebiet der ‚Reservierungstechnik' ist so breit wie die Leistungspalette von Kreditinstituten. Hier einige ausgewählte Beispiele:

- Ihre Geschäftsstelle verfügt noch über freie Schließfächer (z. B. nach einem Umbau oder aufgrund fehlenden Kundeninteresses). Jetzt schreiben Sie an wichtige Kunden, die bisher kein Schließfach nutzten, den Kernsatz:
  „... Wir haben Ihnen ein Schließfach in der Größe von ... fest bis zum ... reserviert. Das Schließfach bringt Ihnen ..."
- Ihr Kreditinstitut hat eine Sondertranche besonders zinsgünstiger Finanzierungsmittel aufgelegt. Jetzt rufen Sie kreditorientierte Geschäftskunden an und weisen sie individuell auf die Sondertranche hin:
  „... Herr Krause, ich habe einen Betrag von DM ... dieser besonders zinsgünstigen Finanzierungsmittel für Sie bis zum ... reserviert. Ich schicke Ihnen noch heute Detailinformationen zu und rufe Sie gerne in den nächsten Tagen noch einmal an, um Ihre Fragen zu beantworten ..."
- Ihr Ziel ist es, Stammkunden im Anlagebereich eine Neuemission Festverzinslicher Wertpapiere zu verkaufen. Sie wählen Kunden mit regelmäßigem Anlagebedarf aus und schicken ihnen komplett vorbereitete Unterlagen. Im beiliegenden Kurzbrief heißt es:
  „... Frau Schulze, für Sie habe ich einen Betrag von DM ... bis zum ... reserviert. Für alle Abschlüsse vor dem ... ersparen Sie sich die Kaufspesen in voller Höhe. ..."

Sie haben sicher schnell bemerkt, daß alle Reservierungsvorschläge nach dem gleichen Ablaufmuster erfolgten:

1. *Individuelle Auswahl der Kunden:*
   Nur bei einer individuellen Auswahl erzielen Sie durch Reservierungen Wirkungen; der ausgewählte Kunde wird durch die Reservierung

aufgewertet. Massenhafte Reservierungen wirken unecht und vermindern dadurch die Abschlußwahrscheinlichkeit.

2. *Zeitliche Begrenzung der Reservierung:*
   Damit lösen Sie bei Ihren Kunden Entscheidungsdruck aus. Ohne Terminbegrenzung wird ein Angebot schnell zur Seite gelegt und damit die Kaufentscheidung nicht getroffen.
3. *Konkrete Ausformulierung des Angebotes:*
   Ihr Kunde soll Ihren Vorschlag voll überschauen können. Nebulöse und unvollständige Vorschläge verwirren nur. Sie würden eine positive Entscheidung verhindern.

003 Tip 238 aus Nr. 7/90	Erfolgreiche „Aufhänger“

Sie sprechen einen Kunden in Ihrer Geschäftsstelle aktiv an oder rufen ihn an. Ihr Verfahrensziel: Sie wollen diesen Kunden schnell für ein Betreuungsgespräch gewinnen, um ihm eine Bank- oder Sparkassenleistung verkaufen zu können. Dabei haben sich zur Aufhängerformulierung die folgenden Bausteine bewährt:

- Zu Beginn der Kundenansprache: Namensnennung des Kunden („Frau Kaiser …“, „Herr König …“)
- Aktualität der Ansprache verdeutlichen („heute“, „jetzt“, „in diesen Tagen/Wochen/Monaten“, „zur Zeit“, „bis zum …“, „nur noch“, „aktuell“)
- Ich-Aussage („Frau Kaiser, heute rufe ich Sie an …“)
- Sie-Stil („Herr König, ich habe heute einen Tip für *Sie* …“)
- Keine Abkürzungen verwenden (also nicht „VL-Leistungen“!)
- Keine Produktnennungen (nicht: „Plussparen“ oder „Eurokredit“), sondern Produktumschreibungen mit Kundennutzen
- Prägnantes Zahlenbeispiel („doppelter Zinsertrag“, „50 % Steuerersparnis“)
- Kurze und verständliche Sätze
- Schnelle Ja-Reaktionen dem Kunden ermöglichen („Sie sind Kunde?“, „Sie unterhalten ein …-Konto?“, „Sie besparen einen Sparvertrag?“)
- Positiv beladene Reizwörter verwenden („Tip“, „Chance“, „Weg“, „Hinweis“, „Gelegenheit“, „Möglichkeit“, „günstig“, „attraktiv“, „bequem“, „schnell“, „automatisch“, „interessant“)
- Abschließende Akzeptanzfrage („Interessiert Sie das näher?“, „Darf ich Ihnen das etwas ausführlicher erläutern?“)

Aus diesen Bausteinen ergeben sich sehr schnell gewinnende komplette ‚Aufhänger‘:

– „Frau Kaiser, heute rufe ich Sie an, weil ich einen bequemen Weg für Sie sehe, wie Sie sich eine Zusatzpension von über 500 Mark im Monat sichern können. Darf ich Ihnen das in den nächsten Tagen näher erläutern?“

- „Herr König, ich habe heute einen interessanten Tip für Sie: Sie können Ihre Zinserträge aus Ihren Wertpapieren um bis zu 30 Prozent – bei gleichem Kapitaleinsatz – steigern. Interessiert Sie das näher?“

Mit solchen nutzenorientierten Aufhängern gewinnen Sie Ihre Kunden sehr leicht für ein zusätzliches Betreuungsgespräch. Doch rechnen Sie auch mit negativen Reaktionen auf Akzeptanzfragen. Beachten Sie dazu Tip 062 im Kapitel Argumentation.

004 Tip 121 aus Nr. 7/88 Tip 165 aus Nr. 4/89	Entgangene Chancen sind „teuer"!

Weil man entgangene Chancen gar nicht bemerkt und daher nicht messen kann. Beobachtungen in Geschäftsstellen haben gezeigt, daß pro Tag durchschnittlich in einer Geschäftsstelle etwa zehn Kundensignale von Mitarbeitern nicht erkannt werden:

Wenn ein Kunde aus dem Prospektständer einen Prospekt entnimmt, eine Vitrine mit darin ausgestellten Münzen betrachtet, einen Hinweis im Kundenraum studiert, in einer Wartesituation eine Bankinformation liest, um nur einige Beispiele anzuführen. Die meisten Mitarbeiter bemerken die Signale eines möglichen Interesses nicht. Dabei wären gerade solche Situationen Anlässe, diese Kunden anzusprechen.

„Ich sehe, Sie haben Interesse an ... Darf ich Ihnen dazu noch zusätzliche Informationen geben ... ?"

Achten Sie darauf, daß Ihre Mitarbeiter solche Signale erkennen und auf den Kunden zugehen. Gehen Sie selbst mit gutem Beispiel voran, indem Sie Ihren Blick nicht nur auf Ihren unmittelbaren Arbeitsplatz beschränken, sondern mit „wachen Augen" den gesamten Kundenraum einbeziehen.

Erkannte Signale der Kunden sind Chancen für zusätzliche Geschäfte. Sie nicht zu bemerken, sind entgangene Chancen.

Bleiben Sie am Ball!

Ein Kunde erkundigt sich in einer Geschäftsstelle nach einem Kredit für die Einrichtung seiner Wohnung. Betrag DM 70.000,–. Er wollte noch nicht abschließen, sondern für diese Anschaffungen Vorinformationen über die Finanzierungsmöglichkeiten durch einen Kredit einholen. Die Bonität des Kunden war einwandfrei, er hatte auch keine anderen Kredite.

Unseres Erachtens also ein interessanter Kunde und eine interessante Geschäftschance.

Das Gespräch mit dem Kunden verlief auch sehr gut. Die Beratung wurde vom Kunden als freundlich und fachlich kompetent beurteilt. Es kam allerdings zu keinem Abschluß, weil der Kunde noch überlegen und auch andere Angebote einholen wollte.

Und hier endet nun die positive Seite dieses Falles. Denn der Kunde hörte nie mehr wieder von dieser Geschäftsstelle! Er wurde auch bei seinen nächsten Besuchen nicht angesprochen.

- Ein durchaus möglicher Abschluß kam nicht zustande!
- Haben wir kein Interesse am Abschluß?
- Sind wir zu vornehm, nach dem Abschluß zu fragen?
- Denken wir nicht daran, in so einem Fall nochmals nachzufragen, also „am Ball zu bleiben"?

Wahrscheinlich ist es eine Mischung aus allen diesen Vermutungen. Damit entgeht uns aber nicht nur Geschäft, sondern auch unsere Beratungskapazität wird unproduktiv eingesetzt.

- Wie würde so ein Fall in Ihrer Geschäftsstelle bearbeitet werden?
- Besprechen Sie mit Ihren Mitarbeitern die Vorgehensweise bei einer solchen oder ähnlichen Situation!
- Wird versucht, einen neuen Termin zu vereinbaren?
- Oder wird zumindest ein Telefonat vereinbart?
- Wird eine Evidenz für die Terminkartei gemacht?

Nur wenn Sie „am Ball" bleiben, haben Sie die Chance auf einen erfolgreichen Abschluß. Betrachten Sie eine weitere Terminvereinbarung als erfolgreichen Teilabschluß!

005 Kommentar aus Nr. 10/90 und Nr. 1/91	„... die ganze Firma sollte wie eine Verkaufsabteilung sein.“

„Die Verkaufsabteilung ist nicht die ganze Firma, aber die ganze Firma sollte wie eine Verkaufsabteilung sein.“

Dieses Zitat eines deutschen Topmanagers trifft heute auch auf eine Bank zu und damit auch auf Sie und Ihre Geschäftsstelle.

Der verschärfte Wettbewerb hat die Banken gezwungen, ihre starke innenbezogene Haltung aufzugeben, sich verstärkt dem Markt und den Kunden zuzuwenden und damit eine marketingorientierte Geschäftspolitik zu verfolgen.

„Der Kunde vergleicht uns mit der Konkurrenz und stuft uns entweder besser oder schlechter ein. Das geht nicht sehr wissenschaftlich vor sich, ist jedoch verheerend für den, der dabei schlechter abschneidet.“ Dies sind die Worte von John F. Welch, Vorsitzender von General Electric. Kundenorientierung ist also, nebst einer menschlichen Verpflichtung, mehr und mehr eine Überlebensfrage.

Für das Verhalten der Mitarbeiter bedeutet dies beispielsweise: Freundlichkeit und Kulanz bei jedem Kundenkontakt, dem Kunden helfen, seine Probleme zu lösen, auf Anregungen und Reklamationen rasch reagieren, dem Kunden Unbequemlichkeiten ersparen.

Für Einrichtungen, Abläufe und Systeme heißt dies unter anderem: Betriebseinrichtungen auf Flexibilität und Qualität ausrichten, Abbau aller den Kunden störenden Abläufe, kundenorientierte Mitarbeiterförderung und -beurteilung, Auszeichnung besonders kundenorientierter Mitarbeiterleistungen.

Nochmals auf das einleitende Zitat zurückkommend, sagt es trotz einer eindeutigen Ausrichtung auf Kunden- und Verkaufsorientierung, daß beide Bereiche des Unternehmens gleich wichtig sind: Die Qualität der Produkte, Systeme, Abläufe kann noch so gut sein, wenn der Verkäufer nicht verkauft, den Kunden vom Nutzen überzeugt, erzielt die Bank einen geringeren Ertrag, hat einen kleineren Marktanteil usw. Wenn andererseits die Qualität der Produkte, Systeme, Abläufe schlecht ist, nützt auf Dauer auch der beste Verkäufer nichts.

Und dazu müssen neben den Geschäftsstellen als Mittler zu unseren Kunden auch die Mitarbeiter des Betriebsbereiches stärker als bisher über Marktaktivitäten, über Produkte etc. informiert werden, damit sie ihre Service- und Unterstützungsfunktion optimal erfüllen können.

„Die Filialen sind für die Kunden da, die Zentrale ist für die Filialen da.“

In allen Unternehmungen mit einer Außendienstorganisation oder einem dezentralen Vertriebsnetz ist die Zusammenarbeit mit den zentralen Produkt-, Service- und Stabsstellen ein ständiges Konfliktpotential. Bei einem großen deutschen Kongreß im März 1990 wurde die Verbesserung der Zusammenarbeit zwischen „Außen- und Innendienst“ als wichtigster Problemkreis der unmittelbaren Zukunft genannt. Funktioniert diese Zusammenarbeit gut, so wird dies auf die Zufriedenheit der Kunden eine direkte positive Auswirkung haben. Funktioniert dies nicht, so wird zu Lasten des Kunden ein „Kleinkrieg“ geführt. Wo liegen die Konfliktmöglichkeiten, die es zu beachten gilt?

1. Die Leute im Verkauf klagen, daß bürokratische Kanäle eine Verkaufsorganisation enorm behindern. Anstatt schnell auf die Bedürfnisse der Kunden eingehen zu können, werden die Verkäufer durch Vorschriften und Prozeduren behindert. Dicke Bände beschreiben bis ins kleinste Detail, wie man Aufträge weiterleitet, Berichte schreibt, Bedarfsmaterial einkauft, die Fahne hochzieht usw. (darunter auch eine Unmenge an neuen Organisationsrichtlinien).
   Es wird von der Arbeit am grünen Tisch gesprochen, von Praxisferne und theoretischer Terminologie. Mangelnde Flexibilität und Einsatzbereitschaft (Gleitzeitdenken) behindern ein kundenorientiertes Agieren. Die zentralen Führungskräfte werden als „Pseudo-Vorgesetzte“, als Kontrolleure erlebt, die jeden Fehler dem zuständigen Verkaufsleiter hinterbringen!
2. Die Leute „in der Zentrale“ fühlen sich unterprivilegiert und ausgenutzt. Sie können die Fehler der Verkäufer ausbessern bzw. haben die entsprechende Mehrarbeit damit. Zur Vorbereitung/Realisierung von Aktivitäten werden sie wohl einbezogen, bei den Erfolgserlebnissen hingegen vergessen. Die Mehrarbeit muß „unbedankt“ gemacht werden.

Wenn diese Konfliktpotentiale nicht gelöst werden, so werden die angeführten emotionalen Argumente zu einer ständigen innerbetrieblichen Auseinandersetzung führen. Unzufriedenheit auf beiden Seiten, gegenseitige Vorwürfe, etc. lassen kein kunden- und verkaufsorientiertes Klima entstehen.

In einer verkaufsorientierten Firma bemüht sich jeder um gute Zusammenarbeit. Es gilt, die Zeit des Verkäufers noch effektiver zu nutzen.

Jeder stellt Fragen wie: „Kann man den Auftrag noch schneller erledigen?“ „Wie kann ich dem Kunden noch besser helfen?“ „Wie kann ich die Qualität des Produktes verbessern?“

In erster Linie können und müssen die Führungskräfte aller Ebenen dazu beitragen, daß es eine gute Zusammenarbeit gibt. Dabei ist eine positive Haltung auf der gleichen Führungsebene allein nicht ausreichend.

Jeder Mitarbeiter im Verantwortungsbereich der jeweiligen Führungskraft muß erleben, daß ein diesbezügliches Verhalten erwartet wird. Wenn die Mitarbeiter keine Signale in diese Richtung erhalten, werden sie diesem Thema nur geringe Priorität beimessen.

Somit liegt es also auch an Ihnen, die Zusammenarbeit mit den zentralen Stellen Ihrer Bank positiv zu gestalten. Klagen Sie künftig nicht mehr über tatsächliche und vermeintliche Mißstände, sondern versuchen Sie, über Gespräche positive Leistungen herbeizuführen.

„Wo das Gespräch stirbt, stirbt bald jede Partnerschaft!“

Damit ergeben sich auch Konsequenzen und Aufgaben für den Geschäftsstellenleiter:

- Information zentraler Stellen/Mitarbeiter über Aktivitäten und Ziele der Geschäftsstelle, über Besonderheiten des regionalen Marktes und nötige Hilfestellung.
- Diskussionsrunden zwischen den Mitarbeitern zur Förderung des gegenseitigen Verständnisses und zur Verbesserung der Zusammenarbeit.
- Einladung zur job rotation von Mitarbeitern der Zentrale in der Geschäftsstelle, um das Verständnis für Kundenprobleme zu fördern.
- Mitarbeiter der Geschäftsstelle auf job rotation in zentrale Abteilungen senden. Neben der Verbesserung der Zusammenarbeit durch das persönliche Kennenlernen bekommen die Mitarbeiter eine Menge zusätzliches Fach-know-how vermittelt, das sie wieder im Kundenkontakt nützen können.
- Gemeinsame Kundenbesuche mit Mitarbeitern zentraler Fachabteilungen sowie Einladung zu Veranstaltungen mit Kunden in der Geschäftsstelle.
- „Danke“ sagen für besonders verkaufs- und kundenorientierte Unterstützung.
- etc.

Welche Aktivitäten realisieren Sie bis Ende dieses Monats?

006 Tip 178 aus Nr. 7/89	Überzeugungstechniken: Isolieren des Hindernisses

In vielen Beratungs- und Verkaufsgesprächen wird ein Kundenwunsch sorgfältig analysiert und dem Kunden das passende Angebot vollständig und überzeugend präsentiert. Dennoch läßt die positive Abschlußentscheidung auf sich warten.

Jetzt gilt es, den Kunden zur Abschlußentscheidung zu führen. Oft hält ihn ein einziges Hindernis von der Entscheidung ab. Dieses Hindernis wird er nicht ohne weiteres von sich aus nennen.

Deshalb: Isolieren Sie das Abschlußhindernis! Dazu einige Formulierungsvorschläge:

- „Was habe ich bei dem Angebot für Sie nicht berücksichtigt?"
- „Welche Bedenken haben Sie noch gegen meinen Vorschlag?"
- „Was hindert Sie im Moment, sich zu entscheiden?"
- „Was stört Sie noch an meinem Angebot?"

Durch diese Isolierungsfragen erfahren Sie – hoffentlich – das entscheidende Abschlußhindernis. Jetzt können Sie es durch weitere Argumentationen ausräumen. Besonders überzeugend wirken Zusatzvorteile für den Kunden. Greifen Sie dazu Hinweise Ihrer Kunden auf, die Sie bei der Analyse des Kundenwunsches gehört haben. Dazu einige Beispiele:

- „Übrigens: Die Schließfächer sind automatisch gegen Diebstahl und Feuer versichert – und das ohne Zusatzprämie."
- „Außerdem erhalten Sie dann am Ende jedes Quartals eine kostenlose Übersicht über alle Ihre Ein- und Auszahlungen sowie über Ihre Tilgungen."
- „Gerade bei dieser Variante sichern Sie sich zusätzlich eine tägliche Verfügungsmöglichkeit – und diese sogar gebührenfrei."

Die Zusatzvorteile wirken bei Ihren Kunden besonders intensiv, wenn Sie nach der Vorteilsnennung eine Wirkungspause einsetzen.

007 Tip 188 aus Nr. 9/89	Überzeugungstechniken: Verstärken

Noch hat sich Ihr Kunde nicht entschieden: das Beratungs- und Verkaufsgespräch steht auf der Kippe. Jetzt können Sie die Abschlußentscheidung durch Verstärkung wie Zusammenfassungen oder Wiederholungen herbeiführen. Vielleicht wurden die bisherigen Argumente nicht deutlich genug oder gar zu sehr aus Bank- oder Sparkassensicht dargestellt. Hier einige Beispiele für verstärkende Aussagen:

- „Ich halte gerne noch einmal die wichtigsten Punkte meines Vorschlages für Sie fest: 1. Sie erhalten ..., 2. Sie erzielen zusätzlich ... und 3. bringt Ihnen der ...-Vertrag ..."
- „Bitte beachten Sie vor allem den guten Zinsertrag, die schnelle Verfügbarkeit sowie den überschaubaren Betrag, und das alles ganz bequem für Sie"
- „Frau Meister, zusammenfassend bedeutet das für Sie, daß Sie garantiert hohe Zinsen erhalten, automatisch den Zinseszinseffekt nutzen und schon nach dem ersten Jahr über Teilbeträge verfügen können"
- „Ich sage es noch einmal ganz deutlich: Sie erwerben schon heute das ... zu günstigen Preisen und sind bei der Zinszahlung und der Tilgung sehr flexibel"
- „Herr Schmidt, ich wiederhole noch einmal den wichtigsten Vorteil für Sie: Mit dieser Finanzierung sichern Sie sich eine Komplettfinanzierung für zehn Jahre und erzielen dabei eine beträchtliche jährliche Steuerersparnis"

Alle diese Beispiele enthalten klare Vorteile und damit beträchtlichen Nutzen für die Kunden: „Sie erhalten ...", „Sie erzielen ...", „Das bringt Ihnen ...", „Beachten Sie bitte ...", „... ganz bequem für Sie", „Das bedeutet für Sie ...", „Das garantiert Ihnen ...", „Sie nutzen ...", „Sie können über ... verfügen", „Sie erwerben ...", „Sie sind flexibel", „Sie sichern sich ...".

Der Kundennutzen der einzelnen Verstärkungen entsteht vor allem durch den Einsatz von positiv beladenen Tätigkeitswörtern und dem Sie-Stil.

008 Tip Nr. 191 aus Nr. 10/89	Überzeugungstechniken: Ängste positiv ansprechen

Sicher kennen Sie diesen bewährten Überzeugungsweg von Autoverkäufern aus Ihrer eigenen Erfahrung: Sie haben ein neues Pkw-Modell in der Händlerausstellung begutachtet. Jetzt sagen Sie abschließend zum Autoverkäufer: „Ich komme dann wieder auf Sie zu, wenn ich mich entschieden habe". Der Verkäufer hat Ihnen mit großer Wahrscheinlichkeit ‚Ängste' gemacht; vielleicht hat er zu Ihnen gesagt: „Wir rechnen jeden Tag mit einer Preiserhöhung um ca. X Prozent. Noch kann ich Ihnen den Y-Wagen zu den günstigen alten Preisen bestellen". – Erstaunlich oft reagieren die Kaufinteressenten mit einer Kaufentscheidung.

Wie läßt sich dieser Überzeugungsweg aus dem Automobilhandel auf die Bank- und Sparkassenbranche übertragen?

Hier entspricht die angekündigte Preiserhöhung denkbaren Zinsänderungen in beiden Richtungen und auf beiden Seiten der Bilanz. Somit können Sie auch ‚mit der Angst' Ihrer Kunden zu Geschäftsabschlüssen kommen:

- „Sichern Sie sich noch heute den günstigen Zinssatz von 8,5 Prozent für die gesamte Laufzeit."
- „Entscheiden Sie sich am besten noch heute. Damit haben Sie eine feste Kalkulationsbasis für Ihre Finanzierung."
- „Mit jedem Tag, den Sie mit Ihrer Entscheidung warten, verzichten Sie auf gute Zinserträge. Deshalb zahlt sich eine sofortige Entscheidung für Sie aus."
- „Wie die Wertpapierkurse in der nächsten Woche aussehen, ist mehr als ungewiß. Heute können Sie mit dem Kaufkurs von 97,40 fest kalkulieren."
- „Die Zinsen sind zur Zeit in Bewegung. Wenn Sie sich heute entscheiden, ersparen Sie sich schlaflose Nächte wegen der unsicheren Zinsentwicklung."

Achten Sie besonders darauf, daß Sie nicht nur Angst bei Ihren Kunden auslösen, sondern kündigen Sie möglichst immer Chancen oder Vorteile, also positive Konsequenzen, an. Ängste sind unsichere und unzuverlässige Verkäufer; Chancen und besondere Gelegenheiten werden eher ergriffen.

009 Kommentar	Neukundengewinnung: Die klassiche Akquisition

Neben dem Ausbauen der Geschäftsbeziehungen im Kundenstamm ist das Gewinnen neuer Kunden für Banken und Sparkassen eine unerläßliche Voraussetzung, um die Marktanteile zu halten. Akquisition im Sinne von Neukundengewinnung ist damit ein absolutes Muß für die Zukunftssicherung der Kreditinstitute und damit auch der Arbeitsplätze in Kreditinstituten.

Die Forderung nach Geschäft mit Neukunden ist für Führungskräfte im Verkauf schnell ausgesprochen. Die Realisierung bereitet im Tagesgeschäft allerdings erhebliche Schwierigkeiten. Wie Neukundengewinnung praktiziert werden kann, stellt dieser Beitrag vor.

Der *klassische Weg der Akquisition* von Neukunden besteht aus fünf Schritten:

1. Schritt: Vorbereitung der Kontaktaufnahme – insbesondere Adressenbeschaffung
2. Schritt: Kontaktaufnahme mit dem potentiellen Kunden durch Akquisitionsschreiben
3. Schritt: Akquisitionstelefonat mit dem potentiellen Kunden zur Terminabsprache
4. Schritt: Akquisitionsgespräch zur Geschäftsaufnahme oder als Basis für weitere Kontakte
5. Schritt: Pflege von potentiellen Kunden bis zu einer Geschäftsaufnahme

Schritt 1: Vorbereitung der Kontaktaufnahme

Die Akquisition von Neukunden ist die aufwendigste Form des Verkaufens. Dennoch genügt es nicht – um die Arbeitszeit besonders ökonomisch zu verwenden –, Kundenstämme nur zu halten oder zu intensivieren. Durch die natürliche Fluktuation der Kunden (Umzug, Geschäftsverlagerung, Tod, Geschäftsaufgabe) gehen jedem Institut ständig und oft wenig spektakulär Stammkunden verloren. Diese gilt es durch neue Kunden zu ersetzen.

Mit der Vorbereitung der Kontaktaufnahme entscheidet sich schon oft der Erfolg der einzelnen Akquisitionsmaßnahme. Adressen aus dem Gesamtmarkt erscheinen weniger erfolgversprechend, Adressen aus Teilmärkten, ehemalige Kunden sowie frühere Interessenten versprechen schon schnelleren Erfolg, und individuelle, ausgewählte Wunschadressen, aktuelle Interessenten und konkrete Anlässe wie Anzeigen und Pläne bieten den wahrscheinlichsten Weg zum Akquisitionserfolg.

Die Anzahl der Akquisitionsadressen sollte bewußt begrenzt werden. Nur hauptamtliche Akquisiteure können dreistellige Ziffern von potentiellen Kunden erfolgversprechend und systematisch verfolgen. Für Geschäftsstellenleiter und Berater, die zusätzlich noch weitere Aufgaben zu erfüllen haben, ist ein Pool von ca. 25 Akquisitionsadressen (= Wunschkunden) überschaubar und handhabbar. Ein Wunschkunde ist dabei nicht ein ‚Steuerberater', sondern ‚Steuerberater Johannes Pfeifer in Steuerkanzlei Pfeifer & Schmitz, Arminstraße 20, 9999 Irgendwo'.

Die detaillierte Adressenermittlung kann über sehr unterschiedliche Wege – natürlich auch in Abhängigkeit von den Zielgruppen – vorgenommen werden. Dazu eine Übersicht mit den wichtigsten Möglichkeiten der Adressengewinnung:

Adressengewinnung zur Akquisition

1. Nachschlagewerke und Veröffentlichungen
   - Telefonbücher und Branchenfernsprechbücher
   - Telex- und Telefaxverzeichnisse
   - IHK- und Handwerkskammerlisten
   - Veröffentlichungen von Kreisen, Städten, Gemeinden
   - Bürger-/Einwohnerverzeichnisse
   - Adressenkauf bei Adreßverlagen
   - Adressengewinnung über Auskunfteien
   - Lokale und regionale Presse
     - Auswertung redaktioneller Teil
     - Auswertung Anzeigenteil
   - Handbücher (z. B. ‚Wer gehört zu wem?') und Verzeichnisse
2. Eigene Aktivitäten
   - Ehemalige Kunden
   - Kunden von Kooperations- und Verbundpartnern
   - Frühere Interessenten (Anfragen)
   - Kunden anderer Abteilungen des gleichen Institutes
   - Geschäftspartner von Kunden (Zahlungsverkehr)

- Arbeitgeber von Privatkunden
- Führungskräfte von Geschäftskunden als Privatkunden
- Kontakte über Mitarbeiter und Kollegen
- Empfehlungen von eigenen Kunden
- Reviergang (d. h. eine detaillierte Beobachtung im Umfeld des Kreditinstitutes) bevorzugt bei „Kommunikationszentralen“ wie Bäcker, Metzger, Frisör, Kiosk usw.
- Auswertung von Bauschildern in Bau- und Industriegebieten
- Besuch von Seminaren und Kongressen, die potentielle Kunden ebenfalls besuchen
- Engagement in Vereinen, Verbänden, Organisationen, bei denen potentielle Kunden ebenfalls aktiv sind
- Kontakte zu Vermittlern und Zuträgern: Makler, Steuerberater, Versicherungs- und Bausparagenten, Unternehmensberater, Bauträger usw.
- Kontakte zu öffentlichen Stellen (Ämter, Verwaltungen, Wirtschaftsförderungsgesellschaften)
- Besuch und/oder Beteiligung an Messen und Ausstellungen
- Kontakte zu Umzugsfirmen
- Einladungen an potentielle Kunden über Presse: Börsenführung, Computerkurse, aktuelle Vorträge, Bankführung
- Anzeigen mit Antwortcoupon
- Preisausschreiben
- Tag der offenen Tür
- Ausstellungen in der Geschäftsstelle unter Mitwirkung von Geschäftskunden und -nichtkunden aus dem Geschäftsgebiet

Quelle: Günther Geyer: Kredite aktiv verkaufen, Wiesbaden 1990

Die neuen Adressen sind alle risikobehaftet. Handelsregisterauszüge und Auskünfte geben erste Informationen über den potentiellen Kunden, vor allem bei der Kreditakquisition. Vollständige Informationen über den zu gewinnenden Kunden sind die seltene Ausnahme. Neukundengewinnung ist immer ein Vortasten, hundertprozentig sichere Adressen gibt es selten.

Erarbeiten Sie sich im Vorfeld der Akquisition eine Leitlinie zur Präsentation des eigenen Instituts beim potentiellen Kunden. Sie hat vor allem die besonderen Leistungen, also der mögliche Nutzen für den potentiellen Kunden, zum Gegenstand. Da bei der Neukundengewinnung Einwände sehr wahrscheinlich sind, gilt es diese Standardeinwände zu sammeln und wirkungsvolle Antworten zu erarbeiten.

Schritt 2: Kontaktaufnahme

Mit der Kontaktaufnahme erfährt der Wunschkunde über einen Brief das Interesse des Kreditinstitutes an einer Zusammenarbeit mit ihm. Der Akquisitionsbrief ist

kurz, übersichtlich und lesefreundlich

gestaltet. Er soll Aufmerksamkeit erregen sowie Neugierde wecken und deshalb gelesen werden. Ein Akquisitionsbrief eines Kreditinstitutes wird fast immer drei Bestandteile enthalten:

1. einen kundenspezifischen Aufhänger,
2. eine Kurzvorstellung des Kreditinstitutes und
3. die Ankündigung eines Telefonats zur Terminabsprache.

Sein Hauptziel ist die Ankündigung eines Telefonats. Dem sind alle anderen Briefteile untergeordnet. Da über einen Brief allein keine Finanzdienstleistungen an einen Neukunden verkauft werden können, sollten alle direkten Verkaufsabsichten unterbleiben. Detaillierte Konditionen oder gar bunte Prospekte machen den Akquisitionsbrief zu einem billigen Werbeschreiben. Hier ein Beispiel:

Herrn Geschäftsführer
Hans-Joachim Bergemann
Bergemann-Hausbau GmbH
Industriestraße 25

9999 Irgendwo 1

15. Februar 1999
Tel. 01234/56789
Peter Berater

Sehr geehrter Herr Bergemann,

das Bauschild Ihrer Firma ist uns in der Odenwaldstraße in Irgendwo aufgefallen. Sie sind mit Ihrem Unternehmen ein bekannter Spezialist für die Planung, Realisierung und den Verkauf schlüsselfertiger Eigenheime.

Die Allgemeine Kredit- und Sparkassenbank AG ist eine führende Regionalbank mit einem Schwerpunkt in der Baufinanzierung. Das Angebot reicht von der Grundstücks- über die Objekt- bis zur Endfinanzierung. Prüfen Sie bitte in einem Gespräch Beratung, Service und Leistungsfähigkeit unseres Hauses.

Herr Peter Berater, Finanzierungsspezialist in unserem Baufinanz-Center, wird Sie in den nächsten Tagen anrufen und Sie um einen Gesprächstermin bitten.

Mit freundlicher Empfehlung

Allgemeine Kredit- und
Sparkassenbank AG

Schröder Berater

Hier noch einige Tips für die Gestaltung des Akquisitionsbriefes: Persönliche Adressierung, höherwertiges DIN-Langform-Kuvert, weiß – mit oder ohne Fenster möglich, auch Briefmarke sinnvoll, Freistempler nur ohne Werbetext, kein Adressenaufkleber; im Brief: klarer Absender (Person), Telefondurchwahl, kein Betreff, keine Beilagen, Schreibmaschinenschrift (keine EDV-Schrift) und Länge bis maximal eine Seite. Bei dem Empfänger sollte der Gesamteindruck ‚Hier erhalte ich einen individuellen Geschäftsbrief' entstehen.

Beachten Sie bitte: Bei Privatkunden sollte eine Antwortkarte oder ein Coupon vorbereitet sein. Nur ein ausgefülltes Rücklaufmittel ist ein rechtlich sauberer Weg für das spätere Telefonat. – Drei bis fünf Arbeitstage nach dem Briefversand steht dann das Akquisitionstelefonat an.

Schritt 3: Akquisitionstelefonat

Das Hauptgesprächsziel eines Akquisitionstelefonats ist die Terminvereinbarung mit dem potentiellen Kunden. Ein Verkauf von Bankleistungen ist (noch) nicht gewünscht und würde die Argumentation für das gewünschte Akquisitionsgespräch erschweren. Ein umfassender Telefonleitfaden (vgl. Band 1, S. 66 ff.: Telefonleitfaden für regelmäßiges Sparen mit Versicherungsschutz) erleichtert Ihnen die Gesprächsführung am Telefon:

Gesprächsschritt	Mögliche Reaktionen des Angerufenen
1. Telefonzentrale/Sekretärin/Bürohilfe	
Guten Tag, (Kreditinstitut), mein Name ist (Name, Vorname Name). Bitte verbinden Sie mich mit Ihrem Geschäftsführer, Herrn Hans-Joachim Bergemann.	**Ist nicht da/Ist in Besprechung** Wann ist Herr Bergemann telefonisch am besten zu erreichen? **Um was geht es?** Ich habe ihm einen persönlichen Brief geschrieben und ihm diesen Anruf angekündigt. **Ist es dringend?** Ist es im Moment schwer, ihn zu erreichen? –Ja– Wann ist …?
Vielen Dank, Frau/Herr …	**Ich verbinde Sie.**
2. Eine dritte Person	
Guten Tag, …, spreche ich mit Herrn Hans-Joachim Bergemann, Geschäftsführer der Hausbau GmbH?	**Ich bin sein Vertreter** Oh, ich habe Herrn Bergemann einen persönlichen Brief geschrieben und meinen Anruf angekündigt. Bitte seien Sie so nett und verbinden Sie mich mit ihm. **Nein – Um was geht es?/Er hat keine Zeit** – Wie unter 1. – **Nein – Er möchte Sie nicht sprechen** Das erstaunt mich. Welche Gründe hat er Ihnen genannt? (…) Das akzeptiere ich selbstverständlich. – Oder: Das überrascht mich, daß er mich jetzt nicht sprechen möchte, wann wird es ihm besser passen? **– Bei fester Absage –** Vielen Dank für Ihr offenes Wort. Darf ich Sie dann bei einem aktuellen Anlaß noch ein-

	mal ansprechen, Herr Bergemann? Auf Wiederhören.
Bitte verbinden Sie mich mit Herrn Bergemann. Vielen Dank.	**Gerne, einen Moment bitte.**
3. Zielperson	
Guten Tag, Herr Bergemann, mein Name ist ... von der ...-Bank in ... Spreche ich mit Herrn Hans-Joachim Bergemann persönlich?	**Bergemann** Ja, ich bin es. Was kann ich für Sie tun? **Nein** Bitte verbinden Sie mich mit ...
4. Ziel und Einwände	
Herr Bergemann, ich habe Ihnen vor einigen Tagen einen Brief geschrieben und Sie auf die ...-Bank aufmerksam gemacht sowie Sie um einen Gesprächstermin gebeten. Diesen möchte ich jetzt mit Ihnen vereinbaren. – PAUSE –	(Nach der Pause äußern potentielle Kunden Einwände – Sie finden eine Liste der häufigsten Einwände und denkbare Antworten nach diesem Telefonleitfaden) (Bei mehr als drei Einwänden beenden Sie das Telefonat wie unter 2. vorgeschlagen)
5. Terminvereinbarung	
Wann ist Ihnen ein Termin für unser Gespräch angenehmer: Lieber ... oder eher ...? Vor- oder nachmittags?	**Habe jetzt keine Zeit** Dann sollten wir das Gespräch führen, wenn Sie mehr Zeit haben. Wann ist es Ihnen lieber: ... oder ...? **Vereinbaren Sie den Termin mit ... (Sekretärin)**
Ich halte dann noch einmal fest: Wir treffen uns am ... um ... in ...	Gerne. Dann darf ich mich auf unser Telefonat beziehen? (...) Vielen Dank für das Gespräch.

6. Ausstieg Bitte geben Sie mir noch einen Hinweis. Was interessiert Sie zur Zeit bei Bankleistungen am meisten: eher Anlagen, eher Finanzierungen oder eher weitere Dienstleistungen?	**Nichts Besonderes** Dann werde ich Ihnen einen Überblick über die Leistungsfähigkeit der ...-Bank geben. **– Bestimmte Leistung –** Dann werde ich Ihnen interessante Hinweise zu ... geben.
Herr Bergemann, ich freue mich, Sie und Ihre Firma kennenzulernen.	**Wie lange wird das dauern?** Das hängt von unseren Themen ab. Ich rechne mit rund einer Stunde.
Auf Wiedersehen bis zu unserem Gespräch am ...	**Auf Wiedersehen, Herr ... Wir sehen uns dann am ... bei uns.**
•Warten bis Kunde auflegt•	

Dieser Telefonleitfaden enthält eine von vielen Formulierungsmöglichkeiten. Überarbeiten Sie am besten die Vorschläge für Ihren Einsatz. Ersetzen Sie vor allem Ihnen ungewohnte Formulierungen und Begriffe durch geläufige Aussagen. Auch eine weniger zielführende Formulierung aus vollem Herzen gesprochen wirkt oft überzeugender als eine tolle Formulierung ohne persönliches Engagement.

Hier noch die wichtigsten Einwände am Telefon; denken Sie daran: Sie wollen einen Gesprächstermin und keinen vorschnellen Verkauf erreichen.

Kunde: **Bin mit meiner Bank zufrieden.**
Antwort: Das freut mich für Sie. In dem Gespräch möchte ich Ihnen die ...-Bank als Ergänzung zu Ihrer Bank vorstellen.

Kunde: **Ich habe keinen Bedarf.**
Antwort: Aktueller Bedarf ist keine Voraussetzung für unser Gespräch. Sie können mich und die ...-Bank kennenlernen. Bei Bedarf wissen Sie dann schon, mit wem Sie es zu tun haben. Es geht dann alles viel schneller und einfacher für Sie.

Kunde: **Ich habe schon drei Bankverbindungen.**
Antwort: Das habe ich bei ... (... der Größe/Bekanntheit Ihrer Firma; ... Ihrem Tätigkeitsfeld) auch erwartet. Mein Ziel ist es, Ih-

nen die ...-Bank als Ergänzung zu Ihren Bankverbindungen vorzustellen.

Kunde: **Was haben Sie mir Besonderes zu bieten?**
Antwort: Ich bin sicher, daß Sie bei uns attraktive Leistungen nutzen können. – Was interessiert Sie zur Zeit am meisten: eher ..., eher ... oder eher ...? – Dazu möchte ich Ihnen in unserem Gespräch gerne etwas sehr Interessantes zeigen.

Kunde: **Wenn ich Bedarf habe, komme ich auf Sie zu.**
Antwort: Das freut mich. In welchen Bereichen sehen Sie zukünftig Bedarf? ... Wann wird das in etwa sein? ... Wenn Sie mich bis ... nicht erreicht haben, gestatten Sie mir bitte, daß ich Sie dann noch einmal anspreche.

•Erarbeiten Sie sich für alle denkbaren Kundeneinwände nach diesen Beispielen Antwortmuster•

Werden Sie bei Ihren Akquisitionstelefonaten nicht aufdringlich. Spätestens nach drei Einwänden sollten Sie elegant aus dem Gespräch aussteigen: „Ich würde mich freuen, wenn Sie mich bei Bedarf wieder einmal ansprechen würden. Vielen Dank."

Schritt 4: Akquisitionsgespräch

Das Akquisitionsgespräch weist viele Parallelen zu üblichen Beratungs- und Verkaufsgesprächen auf. Dennoch sind die Hauptziele leicht verlagert: Vorstellung des Akquisiteurs, Präsentation des Kreditinstitutes, Kennenlernen des Kunden und Analyse seiner Wünsche, bei Bedarf Verkauf einer Leistung und vor allem die Sicherung des Kontaktes zum potentiellen Kunden.

Vor dem eigentlichen Akquisitionsgespräch ist eine umfassende Gesprächsvorbereitung eine wichtige Voraussetzung für Akquisitionserfolge. Nutzen Sie die unterschiedlichsten Informationsquellen in der Vorbereitung: Sprechen Sie mit Kollegen, hören Sie sich um, gehen Sie auf Kunden zu – natürlich diskret.

1. Wer ist mein Gesprächspartner/potentieller Kunde?
   Vorname, Name, Anschrift, Telefon, Rechtsform, Gesellschafter, Daten des Unternehmens, Konzernzugehörigkeit, Beschäftigungszahl, Umsätze, Investitionen, Geschäftsverbindungen, ...
2. Welche Branche? Mit welchen Branchen verflochten?
   Daten allgemein, Struktur, künftige Entwicklungen, Besonderheiten, Messen, Ausstellungen, werbliche Aktivitäten, ...
3. Bestehende Bankverbindungen? Hausbank?
4. Gesprächspartner und zuständiger Mitarbeiter?
   Persönliche Daten, Telefondurchwahl, günstige Besuchszeiten, Vertreter, ...
5. Welche Informationen sind vom Gesprächspartner notwendig?
6. Welche Unterlagen muß ich mitnehmen?
7. Mit welchen Störungen muß ich rechnen?
8. Wie ist die Situation des Gesprächspartners?
   Abhängigkeit, interessiert, unter Druck, selbständig, ...
9. Welche Taktik könnte der Partner anwenden?
10. Welche Ziele und Unterziele habe ich?
11. Wie kann das Gespräch eröffnet werden?
12. Was könnte den Gesprächspartner besonders interessieren?
13. Was kann ich anbieten/vorstellen?
14. Wo sind meine Stärken und meine Schwächen (Angebot)?
15. Welche Konditionen kann ich minimal und maximal anbieten?
16. Welche Einwände sind von meinem Gesprächspartner im einzelnen zu erwarten?
    Antworten auf die Einwände vorbereiten
17. Welche Schwierigkeiten könnte der Gesprächspartner sehen?
18. Welche Vorteile könnte mein Gesprächspartner durch meinen Vorschlag/Angebot im einzelnen haben?
19. Welche Alternativen habe ich zu dem Angebot?
20. Welche Zusatzleistungen kann ich dem Gesprächspartner bieten?

Quelle: Geyer, Günther: Das Beratungs- und Verkaufsgespräch in Banken – Bankleistungen erfolgreich verkaufen; 4. Auflage, Wiesbaden 1989

Denken Sie bei der Gesprächseröffnung an eine vollständige und interessenweckende persönliche Vorstellung:

„Guten Tag, Herr ... Schön, daß wir uns jetzt auch persönlich kennenlernen. Mein Name ist ... von der ...-Bank in ... Ich berate und betreue Firmenkunden in der ...-region. Mein Ziel ist es heute, Ihnen mich und die besondere Leistungsfähigkeit der ...-Bank vorzustellen. Gerne würde ich auch Sie und Ihr Unternehmen näher kennenlernen. Dann sollten wir auch über Möglichkeiten der Zusammenarbeit sprechen. Ich bin sehr sicher, daß es da für beide Seiten einige Ansatzpunkte gibt."

Ihre Karten liegen damit offen auf dem Tisch. Ihr Wunschkunde kann sich jetzt erklären. – Die Präsentation Ihres Kreditinstitutes sollte nicht zu lang ausfallen; sie umfaßt eine plakative Kurzbezeichnung („Die Bank für ..."), die Entwicklung über die letzten Jahre, die heutige Darstellung, besondere Leistungen, zusätzliche Leistungsmerkmale und eine klare Aufforderung zur Zusammenarbeit („Testen Sie die Leistungsfähigkeit der ...-Bank!").

Sollte ein Abschluß schon im Akquisitionsgespräch möglich sein, dann holen Sie mindestens eine Unterschrift von dem neuen Kunden ein. Wichtiger ist allerdings die Kontaktsicherung für die kommenden Monate: Schaffen Sie sich im Gespräch Aufhänger für weitere Kontakte und sprechen Sie diese mit dem Kunden ab. Der sicherste Weg ist die Gegeneinladung in Ihr Kreditinstitut.

Schritt 5: Pflege potentieller Kunden

Senden Sie dem Neukunden wenige Tage nach dem Akquisitionsgespräch einen Bestätigungsbrief. Die Kerninhalte:

- Dank für das Gespräch
- Bestätigung der einzelnen Vereinbarungen
- Freude auf künftige Zusammenarbeit
- Zusicherung von sorgfältiger Leistungserbringung
- Gegeneinladung zum Besuch Ihres Kreditinstitutes

Der Bestätigungsbrief verstärkt den guten Eindruck des Akquisitionsgespräches. Er wird als Geschäftsbrief abgeheftet und eröffnet eine neue Akte mit dem Namen Ihres Kreditinstitutes.

Sollten Sie keinen sofortigen Abschlußerfolg erzielt haben – und das ist der Regelfall –, dann halten Sie Kontakt. Pflegen Sie Ihre Wunschkunden nach dem Motto ‚Steter Tropfen höhlt den Stein!'. Hier einige Tips für Nachfaßaktivitäten:

- Kopie eines aktuellen Fachzeitschriftenartikels
- Hinweise per Telefon oder Brief auf neue Fachbücher (Management, Branche, Vertrieb usw.)
- Hinweise auf Neuerungen (gesetzliche Regelungen rund um Finanzdienstleistungen)
- Branchen- und volkswirtschaftliche Ziffern
- Hinweise auf Marktforschungsergebnisse (aktuelle Studien, Trends) und neue Prognosen
- Neue Bankdienstleistungen
- Erweiterte Leistungsfähigkeit des Kreditinstitutes (z. B. weitere Verbund- oder Kooperationspartner)
- Neue (auch: neu aufgelegte) Broschüren und Ratgeber (z. B. Einkommensteuer, Existenzgründungen, Einführung in ausgewählte Bankgeschäfte)
- Persönliche Einladungen zu Veranstaltungen des Kreditinstitutes (Ausstellungen, Informationsveranstaltungen, gesponserte Veranstaltungen)
- Aktuelle Angebots-/Leistungsübersicht des Kreditinstitutes
- Aktuelle und geänderte Konditionen (standardisiertes Geschäft, Interessen des Wunschkunden)

Es wäre ein großer Zufall, wenn der erste Kontakt zu einem Wunschkunden sofort zu einem großen Geschäftsabschluß führen würde. Der Einstieg in eine neue Geschäftsverbindung ist klassischerweise die Nebenbankverbindung. Hier testet der Kunde die Leistungsfähigkeit der Bank oder Sparkasse, und das Kreditinstitut checkt den neuen Kunden nach Geschäftsmöglichkeiten ab. Aus der Nebenbankverbindung kann dann sukzessive eine Hauptbankverbindung wachsen. Voraussetzung: Sie bleiben am Ball und suchen kontinuierlich den Kontakt zu dem neuen Kunden.

010 Tip Nr. 199 aus Nr. 11/89	Überzeugungstechniken: Kundenvorschläge erbitten

Das Wort Überzeugungstechniken stellt den Verkäufer, der agiert, in das Zentrum der Gedanken. Doch die Entscheidung für oder gegen einen Kaufabschluß wird vom Kunden getroffen. Dieser Weg zum Abschluß beginnt zwar beim Verkäufer, wird aber entscheidend vom Kunden betreten und abgeschlossen.

Manchmal scheint ‚nichts mehr zu gehen': Ein Beratungs- und Verkaufsgespräch dreht sich im Kreise, weitere Argumente ziehen jetzt nicht mehr, die Wahrscheinlichkeit eines Geschäftsabschlusses wird ganz gering eingeschätzt. Als Ausweg bietet sich die Bitte nach einem Kundenvorschlag an:

- „Frau Schneider, wie wollen wir jetzt verbleiben?"
- „Herr Kleinmann, was schlagen Sie nun vor?"
- „Wie soll es jetzt mit ... weitergehen?"

Sie zwingen Ihre Kunden mit solchen offenen Fragen zu Verfahrensvorschlägen. Kunden werden nur in Ausnahmefällen eine glatte Absage aussprechen. Beachten Sie bitte: Nur offene W-Fragen eignen sich für diese Taktik. Geschlossene Fragen („Sind ...?", „Haben ...?" oder „Kann ...?") sind ungeeignet, da eine Nein-Antwort sehr wahrscheinlich wird.

Den Kundenvorschlag als Reaktion auf die offene Frage können Sie abwägen und oft sogar noch um günstige Varianten erweitern. Wenn Sie Ihr Hauptziel ‚Geschäftsabschluß' nicht erreichen können, sollten Sie als Ersatzziel einen Verfahrensabschluß anpeilen. Verfahrensabschlüsse sehen sehr unterschiedlich aus; zum Beispiel:

- Unterlagen vorbereiten und mitgeben
- Unterlagen dem Kunden später zuschicken
- Bedenkzeit geben und fest vereinbaren
- einen neuen Gesprächstermin vereinbaren
- in den nächsten Tagen telefonieren

Eines erreichen Sie auf alle Fälle mit solchen Verfahrensabschlüssen: Sie zeigen Interesse an einer weiteren Zusammenarbeit und halten den Kontakt zum Kunden aufrecht.

011 Tip Nr. 201 aus Nr. 12/89	Überzeugungstechniken: Das Auge gezielt ansprechen

Das geflügelte Wort ‚Ein Bild sagt mehr als tausend Worte' sollte Sie bei dieser Überzeugungstechnik leiten. Nach den ausführlichen Erläuterungen Ihres Angebotes sprechen Sie neben dem Ohr auch das Auge Ihres Kunden als Wahrnehmungskanal an. Dabei stehen Ihnen viele Formen der Visualisierung zur Verfügung:

- Kurvendarstellungen (Wechselkurse, Zinssätze, Wertpapierkurse)
- Diagramme in Blockform (Be- und Entlastungen, Aus- und Einzahlungen, Erträge und Tilgungen)
- Kreisdiagramme (Aufteilungen, Verteilungen, Anteile)
- Allgemeine Zahlenbeispiele (Musterrechnungen, Entwicklungen, Unterteilungen)
- Individuelle Zahlenbeispiele (persönlicher Tilgungsplan, persönliche Ertragsrechnung, individuelle Steuerberechnungen)
- Chart-Darstellungen (Aktien, Wechselkurse)
- Prospekte und Broschüren mit kundenspezifischen (handschriftlichen) Ergänzungen
- Plus-Minus-Methode: (skizzenmäßige) Gegenüberstellung von Vor- und Nachteilen

Mit dem gezielten Ansprechen der Augen verstärken Sie die Überzeugungskraft Ihrer Worte. Die Grundinformation wird an das Ohr des Kunden gerichtet. Noch wird er hie und da skeptisch gegenüber der Information sein. Mit einer optischen Information sprechen Sie anschließend zusätzlich das Auge an. Das Auge bestätigt die vom Ohr schon zuvor aufgenommene Information. Der Kunde ist überzeugt und schließt bei Ihnen ab.

Ganz besonders intensiv sprechen Sie das Auge mit vorbereiteten kundenspezifischen Unterlagen an. Hier einige Formulierungsbeispiele:

- „Herr Schiller, dann bereite ich Ihnen jetzt alle Unterlagen zu … vor. Bitte sehen Sie hier: …"
- „Frau Kaiser, hier habe ich Ihnen DM 20.000,– dieser Neuemission bis zum 15. dieses Monats reserviert. Schauen Sie sich hier den Liquiditätsfluß der nächsten Jahre an."

- „Herr Schilling, ich habe Ihnen ... soweit fertig gemacht; Sie haben hier das komplette Vertragswerk. Bitte überzeugen Sie sich selbst von den günstigen ...“

Denken Sie bei diesem Überzeugungsweg auch an den Volksmund. Er sagt: ‚Aus den Augen – aus dem Sinn‘. Drehen Sie diese Erfahrung in die verkäuferische Regel ‚In das Auge – in den Sinn‘, und Sie erhalten positive Abschlußentscheidungen Ihrer Kunden.

012 Kommentar aus Nr. 9/90	Eine Kunden-beschwerde – na und?

Bank- und Sparkassendienstleistungen haben im Schnitt eine erstaunlich hohe Qualität. Aber leider nur im Schnitt – hier und da kommt es zu Verzögerungen, Mißverständnissen, Verwechslungen, Versäumnissen und Fehlern. Kunden sprechen ihre Unzufriedenheit aus: Es kommt zu Beschwerden.

Jeder Berater sollte sich über Beschwerden freuen! – Ja, denn der Kunde gibt ihm Gelegenheit, eine konfliktträchtige Situation zu klären. Wesentlich schlimmer wäre es, wenn die Unzufriedenheit ohne Wissen des Beraters und des Kreditinstitutes weiterverbreitet werden würde: am Stammtisch, bei Geschäftspartnern und Kollegen, bei Nachbarn, Freunden und Bekannten des Kunden. Und noch viel schmerzlicher ist der Fall, daß der Kunde einfach weg bleibt; er deckt also seinen künftigen Beratungs- und Dienstleistungsbedarf bei einem Wettbewerber ab.

Hinter jeder schriftlichen Beschwerde versteckt sich eine größere Anzahl nur mündlich vorgebrachter Beschwerden, und hinter den mündlichen Beschwerden droht der noch größere Berg ‚latenter' Beschwerden. Bei latenten und nicht ausgesprochenen Beschwerden hat der Kunde schon resigniert, er hat mit seinem Kreditinstitut – vorerst – abgeschlossen. Konten werden oft weiter unterhalten; es erfolgen keine Kündigungen, aber es werden auch keine neuen Vereinbarungen getroffen.

Wie lassen sich diese latenten Beschwerden reduzieren?

Hier helfen vorrangig vorbeugende Maßnahmen: Am sichersten sind regelmäßige Betreuungsgespräche und die aktive Kundenbetreuung sowie vor allem echtes Interesse des Beraters an seinen Kunden. Besonders aktivierende Fragen bewähren sich immer wieder:

- „Frau Schneider, was kann ich heute noch für Sie tun?"
- „Worüber sollten wir heute noch sprechen?"
- „Wie sind Sie mit ... (Produkt oder Institut) zufrieden?"
- „Herr Philipp, wie kann ich Ihnen heute noch helfen?"

Mit diesen und ähnlichen offenen Fragen erreichen Sie zwei Ziele: Der Kunde informiert Sie (hoffentlich!) zum einen über latente Beschwerden oder gibt Ihnen zumindest Anhaltspunkte, und zum anderen ist gleichzeitig der Einstieg zum Zusatzverkauf geschafft. So kann die Reaktion auf eine vermutete Unzufriedenheit (= Noch-nicht-Beschwerde) zu zusätzlichen Verkäufen führen.

Wie lassen sich generell Beschwerden abfangen?

Auch bei unangenehmen Situationen gilt es, dem Kunden Zeichen der Höflichkeit und Freundlichkeit zu senden: Kunden werden offener, freundlicher und gesprächsbereiter. Mit sechs Erledigungsschritten können Beschwerden bearbeitet werden:

1. Bringen Sie Verständnis für die Beschwerde auf
2. Hören Sie aktivierend zu und fertigen Sie Notizen an
3. Fassen Sie die Beschwerde zusammen und stellen Sie eine Kontrollfrage
4. Bedanken Sie sich und (bei berechtigten Beschwerden) entschuldigen Sie sich
5. Klären und bereinigen Sie die Beschwerde
6. Treffen Sie eine Vereinbarung mit dem Kunden und stellen Sie die Fehlerursache ab

Die britische Midland Bank fordert ihre Kunden sogar direkt auf, Beschwerden gegenüber dem Kreditinstitut offenzulegen. In den Geschäftsstellen liegt ein dreiseitiger Prospekt mit dem Titel „How to complain about Midland Bank Services“ aus.

013 Kommentar aus Nr. 4/89	Der Brief ist aufgegeben – und jetzt?

Verkaufsaktionen werden häufig mit Briefen (sogenannten Direct-Mails) und anschließenden Telefonaten kombiniert. Allerdings stimmen dabei nicht immer die Vorbereitung und der organisatorische Ablauf:

??? Da werden die Briefe zentral erstellt und auch verschickt; die Zweigstellenmitarbeiter erfahren leider nur von ihren Kunden über die Existenz und den Inhalt der bereits verschickten Briefe. – Welcher Bank- oder Sparkassenberater kann da gezielt und motiviert die Nachfaßtelefonate organisieren und durchführen?

??? Da werden auf einen Schlag Hunderte von Briefen versandt und in jedem Brief wie selbstverständlich ein Telefonat eines ganz bestimmten Beraters angekündigt; der Berater erhält sogar rechtzeitig die Briefdurchschriften. – Doch welcher Berater kann – neben all seinen normalen Tätigkeiten in der Geschäftsstelle – Hunderte von Nachfaßtelefonaten in kürzester Zeit führen?

??? Da werden „besonders interessante Angebote“ und „ganz individuelle Zusatzinformationen per Telefon“ in dem Verkaufsbrief angekündigt; eine inhaltliche Vorbereitung der beteiligten Mitarbeiter findet jedoch nicht statt. – Welcher Berater kann dann Spitzenergebnisse durch die Nachfaßtelefonate erzielen?

Kombinierte Brief- und Telefonaktionen können nicht ohne Wissen der Mitarbeiter – und damit gegen sie – erfolgreich realisiert werden. Die Aktionen gilt es erst den Verkaufsmitarbeitern zu verkaufen, bevor diese dann die Bank- oder Sparkassenleistungen an ihre Kunden verkaufen können. Verkaufsaktionen müssen verstärkt von der Verkaufs- und Marketingleitung mit den Mitarbeitern geplant, vorbereitet und durchgeführt werden.

Wie werden kombinierte Verkaufsaktionen erfolgreicher?

Die Verkäufer müssen in das Design der kombinierten Aktionen frühzeitig eingebunden werden: Arbeitskreise, Projektgruppen, Pilotaktionen bieten sich dazu an. Rechtzeitige Informationen (auch durch Multiplikatoren) geben Sicherheit und motivieren für die Durchführung, organisatorische Hilfen (auch zeitliche Entlastungen) erhöhen die Realisierungswahrscheinlichkeit.

Was sollte ein Verkaufsbrief ankündigen?

Kündigt ein Verkaufsbrief ein telefonisches Nachfassen an, so muß der Anruf auch wirklich etwas Besonderes – immer aus Kundensicht – bieten. Das Mindeste ist dabei die persönliche Einladung zu einem individuellen Beratungsgespräch im Kreditinstitut oder auf Wunsch beim Kunden. Kundenspezifische Berechnungen (zum Beispiel: Rentenberechnung, Berechnung einer Steuerersparnis, Berechnung einer Zusatzpension, Berechnung von Spar- und Anlagegewinnen usw.) können einen besonderen Reiz bei den Kunden auslösen.

Wann erfolgt das Nachfaßtelefonat?

Telefonische Nachfaßaktionen haben sich immer dann bewährt, wenn der Anruf und der Anrufende im Verkaufsbrief angekündigt wurden und wenn der Anruf wenige Arbeitstage nach dem Versenden des Briefes erfolgt. Daraus ergibt sich für die Arbeitstechnik und die Ablaufplanung, daß

- bei größeren kombinierten Aktionen die Verkaufsbriefe sukzessive verschickt werden müssen

  und
- die Versandmenge pro Versandtag von der Anzahl der durchführbaren Nachfaßtelefonate bestimmt wird.

Da die Postlaufzeiten recht genau berechenbar sind, sollten Sie einen klaren, das heißt tag- und volumensgenauen Ablaufplan für kombinierte Brief- und Telefonaktionen erstellen. Die enge Verknüpfung von Werbebriefen und Nachfaßaktionen führt dann zu höheren Termin- und Abschlußquoten. Ihre Kombi-Aktionen verlaufen systematisch; Sie können die anfallenden Telefonate gut verkraften. Es werden keine Kunden verärgert, die ein angekündigtes Telefonat zu spät oder gar nicht erhalten.

Bei Kombi-Aktionen ist nicht die große Zahl gefordert, sondern Praktikabilität.

014 Tip 245 aus Nr. 9/90	„Ich gehe niemals allein essen, wenn ich es mit einem Kunden zusammen tun könnte.“

Diesen Ausspruch machte ein besonders erfolgreicher Verkäufer. Im Rahmen von Arbeitsessen kann er zu Kunden oder potentiellen Neukunden eine gute, emotionale Beziehungsebene herstellen. Er erhält wichtige Informationen für mögliche geschäftliche Angebote. Er kann leichter konkrete geschäftliche Folgetermine vereinbaren usw.

Die Kosten für solche Arbeitsessen werden meist durch Abschlüsse leicht wieder eingebracht, vorausgesetzt, die Auswahl der Kunden, mit denen man essen geht, wird unter den oben angeführten Gründen zielgerecht geplant.

Zugegeben, möglicherweise auch ein heikles Thema in Ihrer Bank. „Die Spesen“, werden die Kritiker sagen. Die Befürchtung, daß der Geschäftsstellenleiter immer mit den gleichen Kunden essen geht usw.

Wir meinen, daß der Geschäftsstellenleiter Vertrauen erhalten sollte, auch solche Dinge geschäftsorientiert und kostenbewußt zu machen. Wie anders sollte er denn sonst dem Anspruch „des unternehmerischen Denkens“ gerecht werden, was wir ja von ihm fordern und erwarten?

Planen Sie also in Zukunft Arbeitsessen mit Kunden und Nichtkunden, anfangs vielleicht einmal die Woche. Sprechen Sie mit Ihrem Vorgesetzten darüber, damit Einverständnis über die damit verbundenen Ziele entsteht. Am besten wäre ein vereinbarter Kosten-/Budgetrahmen dafür.

Ein Tip, wie Sie Ihren Vorgesetzten überzeugen können: Nehmen Sie ihn zum Essen mit einem besonders wichtigen Kunden oder einem besonders interessanten Nichtkunden einfach mit.

Die entgangenen Erträge bei nicht genützten Chancen sind weit höher als die Kosten für Arbeitsessen, um solche Chancen zu erkennen.

015 Kommentar aus Nr. 12/90	Haben Ihre Kunden eine Kreditkarte? – Haben Sie selbst eine Kreditkarte?

Der Kreditkartenmarkt wird in den nächsten Jahren verteilt. Eigene Karten der großen Institute, massive Werbung der Kreditkartenorganisationen führen dazu, daß immer mehr Menschen eine Kreditkarte verwenden. Von einem Produkt für eine exklusive Zielgruppe wird die Kreditkarte zum Mengenprodukt. In wenigen Jahren wird das Zahlen mit Kreditkarte für viele Menschen eine Selbstverständlichkeit sein.

Ihre Aufgabe ist es, daß möglichst viele Ihrer Kunden die von Ihrem Institut vertriebene Kreditkarte erhalten.

Wenn dies nicht der Fall ist, so sind Ihre Kunden potentiell gefährdet, wenn sie eine Kreditkarte von einem anderen Anbieter erhalten.

Denn über die Kreditkarte erhält Ihr Konkurrent nicht nur wichtige Kundendaten und -informationen, sondern hat konkrete Angebotsmöglichkeiten in fast allen Sparten: Zahlungsverkehr, Finanzierungen, aber auch im Allfinanzangebot, insbesondere im Versicherungsbereich.

Machen Sie die Kreditkarte also zum Ziel von Verkaufsaktionen für Ihre Mengenkundschaft. Auch wenn es in manchen Bereichen noch das eine oder andere Problem gibt, zum Beispiel in der Händlerakzeptanz.

Deshalb ist es wichtig, daß Ihre Mitarbeiter und Sie ebenfalls die Kreditkarte Ihres Institutes haben und vor allem auch verwenden.

Denn verkaufen an Ihre Kunden können Sie nur dann überzeugend, wenn Sie und Ihre Mitarbeiter selbst Erfahrungen mit diesem Produkt gemacht haben:

- selbst erlebt
- selbst ausprobiert
- selbst „Leidtragender“?
- selbst „Zufriedener“!

Dann können Sie Beispiele erzählen, das Produkt selbst präsentieren, den Nutzen aus Erfahrung weitergeben. Auch wenn es manchmal schwierig ist, Sie müssen dabei eine gewisse „Vorkämpferrolle“ übernehmen und überzeugend auf Ihre Kunden wirken. Ebenso müssen Sie durch die konsequente Verwendung der Kreditkarte versuchen, daß immer mehr Geschäfte die Kreditkarte akzeptieren.

Wenn möglichst viele Ihrer Kunden eine Kreditkarte besitzen, verdienen Sie Provision für den Kartenverkauf. Wenn möglichst viele Ihrer Kunden die Kreditkarte verwenden, so verdienen Sie als Eigenausgeber an der Umsatzprovision. Auf alle Fälle ist diese Zahlungsverkehrstransaktion kostengünstiger als zum Beispiel die Scheckzahlung, und so gewinnen Sie auch darüber höhere Erträge für Ihr Institut und Ihre Geschäftsstelle.

- Wann starten Sie Ihre Verkaufsaktion für die Kreditkarte?
- Wann verwenden Sie das nächste Mal Ihre eigene Kreditkarte?

016 Tip 154 aus Nr. 2/89	Wörter und Gefühle

Mit Aussagen verbinden wir nicht nur sachbezogene Inhalte, sondern auch emotionsbeladene gefühlsbetonte Botschaften an den Gesprächspartner. Das gilt gerade auch beim Verkaufsvorgang, im Beratungs- und Verkaufsgespräch.

Eine Trainingsgruppe hat in einem Verkaufstraining klimafördernde und klimabelastende Wörter zusammengestellt. Hier eine kleine Auswahl dieser Begriffe:

Gefühlsmäßig negative Begriffe:

- (Zins-)Festschreibung
- (Zins-)Bindung
- Spesen, Gebühren, Kosten
- Sperre, Formalitäten
- Antrag, Legitimation, Prüfung
- Verpflichtung, Problem
- Abkürzungen wie DA, VL-Leistungen, PKK, AZD
- Hauptwörter mit „ung“: Unterzeichnung, Besprechung
- man, wir, es
- Kosten, kostet, Aufwand
- fällig, billig, teuer
- umgehend
- (Kredit-)gewährung

Gefühlsmäßig positive Begriffe:

- (Zins-)Garantie
- Sicherheit
- Gewinn, Ertrag, Rendite
- Vorteil, Nutzen
- Gelegenheit, Möglichkeit
- Tip, Weg, Hinweis, Chance
- Dynamik, Ersparnis, Zinsen
- günstig, preisgünstig
- aktuell, interessant
- dynamisch, innovativ
- Sie, Ihnen, Ihre
- erhalten, bekommen, erzielen
- automatisch, zuverlässig
- sofort, schnell, direkt
- Kreditvertrag, -vereinbarung

Das einmalige oder seltene Verwenden der belastenden Wörter ist sicher ohne sehr große Wirkung beim Verkaufen. Allerdings gilt es, besonders bei persönlichen ‚Marotten‘ gegenzusteuern. Klare verkäuferische Wirkung erzielen Sie mit dem Einsatz der gefühlsmäßig positiv beladenen Wörter. Sie unterstützen den Sachinhalt, indem Sie positive Gefühle beim Kunden schaffen; eine exzellente Verkaufsunterstützung.

017 Tip 184 aus Nr. 8/89	Verhalten bei und nach dem Geschäftsabschluß

Gegen Ende eines Beratungs- und Verkaufsgespräches können Sie in den abschlußentscheidenden Augenblicken Ihrem Kunden helfen, seine Entscheidung zu treffen. Vermeiden Sie dabei alles, was Ihren Kunden bei seiner Entscheidung stören könnte und Ihr bisheriges Vorgehen in Frage stellt:

1. Strahlen Sie weiter Ruhe und Sicherheit gegenüber Ihrem Kunden aus.
2. Zeigen Sie durch Gelassenheit (nicht: Gleichgültigkeit!), daß Sie felsenfest von Ihrem Angebot, das Sie Ihrem Kunden unterbreitet haben, überzeugt sind.
3. Argumentieren Sie jetzt nicht mehr für Ihr Angebot; ein neues Argument könnte sehr schnell zu einem Gegenargument werden.
4. Lösen Sie Ihre innere Spannung durch das Bewußtsein auf, daß Sie alles für den positiven Geschäftsabschluß getan haben.
5. Vermeiden Sie hastige, hektische oder nervöse Bewegungen. Sprechen Sie ruhig, kurz und präzise. Halten Sie vor allem keinen Monolog. Er könnte Ihnen zu diesem Zeitpunkt als Überredungsversuch ausgelegt werden.
6. Überlegen Sie, wo Sie alle Unterlagen (z. B. Formulare) für die Auftragserfassung finden.
7. Überdenken Sie schon jetzt die Argumentationsreihe, die Sie dem Kunden nach dem erfolgreichen Geschäftsabschluß als Kaufverstärker vorlegen werden.
8. Beweisen Sie durch zurückhaltendes Verhalten, daß er die Abschlußentscheidung allein fällt. Seine Abschlußentscheidung verteidigt er, seine Entscheidung stärkt die Identifikation mit dem Kauf.
9. Vermeiden Sie nach der positiven Entscheidung des Kunden alle Zeichen der Freude. Ein Siegerlächeln führt Geschäftspartnerschaft ad absurdum, denn wo ein Sieger ist, ist auch ein Verlierer.
10. Sagen Sie nicht „Danke für den Abschluß“, denn der Kunde trifft seine Kaufentscheidung für sich. Bedanken Sie sich für das Vertrau-

en in Ihr Kreditinstitut, für den Besuch des Kunden, für die Zeit oder einfach für das Gespräch.

11. Bestätigen Sie die Kaufentscheidung Ihres Kunden durch einen Kauf- oder Abschlußverstärker.

Und zum Schluß noch der cross-selling-Aspekt: Sprechen Sie erst dann das nächste Angebot an, wenn Sie das erste Angebot erfolgreich abgeschlossen haben.

Kapitel 2: VERKAUFS-FÖRDERUNG

018 Tip 232 aus Nr. 6/90	Das KISS-Prinzip

Schauen Sie einmal über den Zaun der Kreditwirtschaft: Im Direct-Mailing, dem Verkauf von Waren und Dienstleistungen per Post, hat sich das KISS-Prinzip seit vielen Jahren bewährt. Die Abkürzung KISS steht für den verkäuferischen Grundsatz ‚Keep It Simple and Stupid!'; auf gut Deutsch: Halte es einfach und klar, wenn Du Kunden überzeugen willst!

Was bedeutet das für den Verkauf von Finanzdienstleistungen bei Banken und Sparkassen?

Sie werden es schon im ersten Abschnitt dieses Tips bemerkt haben. Ungebräuchliche Begriffe wie ‚Direct-Mailing' und Abkürzungen wie ‚KISS' sind nicht ohne weiteres sofort verständlich. Sie sind in der Kommunikation mit Kunden zu vermeiden oder verkaufsfördernd – wie oben bereits geschehen – in einer verständlichen Sprache zu erklären.

Gegen das KISS-Prinzip verstoßen somit vor allem

- Abkürzungen, die dem Kunden weniger geläufig sind,
- Fachbegriffe, die nur Insidern bekannt sind,
- Fremdwörter, die nicht jedermann zugängig sind

  und
- lange sowie verschachtelte Sätze.

Achten Sie deshalb auf die Forderungen aus dem KISS-Prinzip:

1. Abkürzungen sollten den Kunden und Adressaten erklärt werden – am besten bei ihrem ersten Einsatz.
2. Fachbegriffe und Fremdwörter in eine verständliche Sprache übersetzen – am besten sofort bei der ersten Verwendung.
3. Abkürzungen, Fachbegriffe und Fremdwörter im Schriftgut erläutern – am besten im Anhang.
4. Lange und verschachtelte Sätze streichen – am besten ohne Ersatz.

Die konsequente Berücksichtigung des KISS-Prinzips vereinfacht die gesprochene und geschriebene Sprache. Mit der verbesserten Verständlichkeit wird Ihr Kunde zu schnelleren und positiven Entscheidungen kommen. Der Service für den Kunden wird Ihnen umgehend durch bessere Verkaufsergebnisse gedankt.

019 Tip 230 aus Nr. 6/90	Danke für diesen Tip

So sagte ein Kunde zu einem Geschäftsstellenleiter. Nicht für einen geschäftlichen Tip, sondern für einen Freizeit-Tip.

Der Kunde war Sportfischer, und dem Geschäftsstellenleiter war bekannt, daß der Kunde auch in die verschiedensten Länder fuhr, um sein Hobby auszuüben. Als er eines Tages in einem Reisemagazin einen diesbezüglichen Bericht fand, schnitt er diesen aus und sandte ihn dem Kunden mit ein paar persönlichen Zeilen.

Der Kunde war sehr positiv überrascht, und es besteht seither eine sehr enge Geschäftsbeziehung.

Interessieren Sie sich für Privates bei Ihren Kunden und halten Sie Augen und Ohren offen, um solche Chancen, wie im geschilderten Fall, zu nützen. Wenn Sie Zeitschriften und Magazine lesen, wenn Sie einkaufen, wenn Sie auf Reisen sind, immer wieder können Sie auf etwas aufmerksam werden, was vielleicht für den einen oder anderen Ihrer Kunden von Interesse ist.

Die Interessen können vielfältige Gebiete umfassen: Sport, Kultur, Reise, Hobbys, Wohnen, Umwelt etc.

Notieren Sie solche Informationen auf der Kundenkartei. Dann können Sie diese Tips auch gezielt übermitteln:

- dem Gourmet einen Bericht/Tip über ein Restaurant,
- dem Reisenden einen Tip über ein günstig gelegenes Hotel in einer Stadt,
- dem kulturell Interessierten einen Bericht über eine neue Ausstellung etc.

So haben Sie oft die Gelegenheit, Kontakt zu pflegen.

Wenn Sie sich für Ihre Kunden interessieren, so erhöhen Sie auch das Interesse Ihrer Kunden an Ihnen und Ihrer Bank.

020 Tip 236 aus Nr. 7/90	Haben Sie die Zeichensprache gelernt? (oder: „Die Gewinnung von Stammkunden“)

„Vor einigen Jahren füllte eine Steuerberaterin in unserer Firma eine Erklärung für eine taube Frau aus. Da es mühsam war, kleine Papierchen hin und herzuschieben, war die Sachbearbeiterin nicht zufrieden mit der Art der Verständigung. Darauf lernte sie in jenem Sommer die Zeichensprache. Die Kundin war beeindruckt und sehr dankbar, daß sich die Sachbearbeiterin so für sie einsetzte. Die Frau empfahl die Steuerberaterin bei allen ihren hörschwachen Freunden. Heute hat die Sachbearbeiterin einen großen Kundenkreis von tauben Leuten, was sicherlich allen zum Vorteil ist – den Kunden, der Sachbearbeiterin und der Firma.“

(Thomas Block, Präsident der H&R Block)

Diese Geschichte sollte uns zur Nachahmung anregen.

Haben Sie in Ihrem Kundenkreis Personen, die Ihrer besonderen Hilfe und Unterstützung bedürfen? Gehbehinderte Personen, ältere Menschen etc.? Ausländische Kunden, die sich über ein paar Worte in ihrer Muttersprache freuen?

Firmenkunden, die beeindruckt sind, wenn Sie Detailwissen über die betreffende Wirtschaftsbranche haben?

Überprüfen Sie zum Beispiel, welche Vereine sich in Ihrem Einzugsgebiet (geschäftliches und privates Einzugsgebiet) befinden. Vielleicht können Sie hier Spezialwissen und Spezialbetreuung anbieten.

Erheben Sie auch, welche Mitarbeiter besondere Kenntnisse und Fähigkeiten besitzen, die man für besondere Kundenbetreuung nützen kann.

Wenn Sie Ihren Kunden etwas Besonderes anbieten, dann bieten sich auch viele Kunden besonders an.

021 Tip Nr. 257 aus Nr. 11/90	Die persönliche Weihnachtskarte

Spätestens gegen Ende des vierten Jahresquartals steht eine jährliche Pflicht für Führungskräfte und Mitarbeiter von Kreditinstituten an: Es gilt wieder Weihnachtskarten an Kunden, Geschäftspartner und persönliche Freunde zu schreiben.

Aus der Vielzahl der Weihnachtskarten sollen sich Ihre Adressaten positiv an Ihre Weihnachtsgrüße erinnern. Wie ist das für Sie möglich? Wie werden aus den jährlichen Pflichtübungen individuelle Weihnachtsgrüße? Was macht Ihre Post im Detail individuell?

1. *Schreiben Sie Ihre Weihnachtspost mit Handschrift*
   Das gilt sowohl für den Kartenumschlag mit der Adresse als auch den Kartentext. Auch wenn es Ihnen viel Arbeit bereitet, es lohnt sich: Ihre Empfänger empfinden eine gut lesbare Handschrift als persönliche Aufwertung.
2. *Bei gedruckten Adressen und Weihnachtskarten: Schreiben Sie mindestens eine persönliche Anmerkung mit Handschrift*
   Sie sparen sehr viel Zeit gegenüber dem Vorschlag 1 und erzielen noch immer durch die handschriftliche persönliche Anmerkung eine Aufwertung der Empfänger.
3. *Schreiben Sie Ihre Weihnachtspost mit Füller*
   Damit heben Sie sich aus der Masse der üblichen Weihnachtspost (mit Kugelschreiber oder Filzschreiber) hervor. Übrigens: Erfolgsmenschen schreiben bevorzugt mit Füller.
4. *Schreiben Sie Ihre Weihnachtspost individuell*
   Die üblichen standardisierten Weihnachtsgrüße und die Wünsche zum Neuen Jahr sind keine besondere Leistung. Wirksamer wird der Weihnachtsgruß mit einem gut gewählten Zitat, einer persönlichen Begebenheit aus dem abgelaufenen Jahr, besonderen gemeinsamen Herausforderungen in den kommenden Monaten, privaten (gemeinsamen) Ereignissen, ...

Übertragen Sie diese vier Anregungen auch auf Ihre sonstigen (halb-) offiziellen Glückwunschbriefe. Ihre Post zu Jubiläen, Ernennungen, Beförderungen, Trauerfällen und sonstigen persönlichen Anlässen wird sich aus der Masse hervorheben. Eine gute Basis für die weitere gemeinsame Zusammenarbeit.

022 Kommentar aus Nr. 12/88 und Nr. 3/89	Fördern Sie den Verkauf!

Als Geschäftsstellenleiter haben Sie die Aufgabe, Maßnahmen zur Förderung des Verkaufs zu setzen. Im Marketing werden diese Maßnahmen der „Verkaufsförderung" zugeordnet.

Die Verkaufsförderung ist eng mit dem Verkaufsakt verbunden, und die Maßnahmen erfolgen überwiegend am point of sale (dem Verkaufsort). Hauptaufgabe aller Aktivitäten ist es, den Verkauf der Bankprodukte zu erleichtern und damit den Absatz zu erhöhen.

Der Wirkungsbereich der Verkaufsförderung geht in zwei Richtungen:

1. Zum Kunden

Diesem soll ein konkreter Kaufimpuls vermittelt werden. Das heißt, es soll ihm die Entscheidung erleichtert werden, ein bestimmtes Angebot in Anspruch zu nehmen. Dies ist unter dem Ziel einer langfristigen Zufriedenstellung des Kunden nur dann möglich, wenn dieser vom Nutzen und Vorteil des Angebotes überzeugt wird. Insbesondere dann, wenn der Kunde nicht schon mit einem konkreten Wunsch oder Problem kommt, sondern wir über aktive Ansprache erst einen möglichen Bedarf wecken wollen. Mit dem Angebot eines Produktes an sich wird der Kundenwunsch nicht geweckt werden können. Es müssen Motive angesprochen werden, die das Interesse des Kunden wecken. Solche Motive sind z. B. Bequemlichkeit, Sicherheit, Gewinn, Prestige usw.

Diese Kaufmotive müssen vom Verkäufer im Verkaufsgespräch formuliert werden, z. B. Bequemlichkeit: „Sie werden sehen, daß das Einkaufen für Sie einfacher wird."

Unterstützt wird dies durch entsprechende Innenraumgestaltung: Aktionsplakate, Prospektständer, Display usw. sollen erste Impulse wecken.

Prospekte, Informationsmaterial und Demonstrationsmaterial unterstützen dann das Verkaufsgespräch. Beratungsbögen, Rechenbeispiele auf Beratungsblöcken, markierte Beispiele in Prospekten machen das Angebot persönlicher und heben dadurch den Nutzen für den Kunden besonders hervor.

Daß die Verwendung von Prospekten im Kundengespräch nicht selbstverständlich ist, zeigt das Ergebnis von Testkäufen, bei denen nur in etwa einem Drittel der Gespräche der Prospekt verkaufsunterstützend eingesetzt wurde.

2. *Zum Verkäufer*

Bankprodukte sind abstrakt, man kann sie nicht sehen, nicht riechen, nicht greifen. Das Wesentliche der Bankleistung ist also das Beratungsmerkmal. Die Kaufentscheidung der Kunden entsteht überwiegend in der persönlichen Kommunikation zwischen Kunde und Berater durch problemweckende oder problemlösende Information.

Da es daher im entscheidenden Maße von der verkäuferischen Initiative und Fähigkeit der Mitarbeiter abhängt, ob eine Bankleistung in Anspruch genommen wird, sind die internen Verkaufsförderungsmaßnahmen von besonderer Wichtigkeit.

- Die Information der Verkäufer
  über Verkaufsziffern, Verkaufsaktionen, geschäftspolitische Schwerpunkte, Verkaufsziele, Verkaufsergebnisse usw. Je besser Ihre Mitarbeiter über die Gründe von Aktivitäten, die Zielsetzung und die Ergebnisse informiert sind, um so besser können sie sich damit identifizieren, um so mehr wissen sie, welchen Beitrag sie leisten können und sollen.
- Die Motivation der Verkäufer
  durch Mitsprache Ihrer Mitarbeiter, durch Übertragen von Verantwortung, durch Anerkennung von Leistung, durch kleine Verkaufswettbewerbe in Ihrer Geschäftsstelle, durch Feiern von Verkaufserfolgen usw.
- Die Schulung der Verkäufer
  hinsichtlich Produktwissen, Verkaufswissen, Verkaufsverhalten, Argumentationshilfen usw.
  Konkret müssen Sie mit Ihren Verkäufern erarbeiten:
  – Vorteile des Produktes für den Kunden
  – wie erfolgt die Ansprache?
  – welche Informationen vom Kunden werden für die Bedarfsanalyse benötigt?
  – wie wird das Angebot unterbreitet?

- welche Einwände sind möglich und mit welchen Argumenten wird darauf geantwortet?
- welche Argumente fördern den Abschluß?

- Die Unterstützung der Verkäufer
  durch verkaufsgerechte Prospekte und Demonstrationsmaterial, wie schon bei der Verkaufsförderung zum Kunden angeführt wurde. Besprechen Sie mit Ihren Mitarbeitern, wie Prospekte im Verkaufsgespräch eingesetzt werden sollen (z. B. Text für Kunden lesbar), welche Rechenbeispiele in welcher Form verwendet werden sollen. Durch Aktionslisten für die anzusprechenden Kundengruppen und detaillierte Kundeninformationen geben Sie Ihren Mitarbeitern konkrete Impulse für die Kundenansprache.

Einen Großteil dieser Maßnahmen können Sie als Geschäftsstellenleiter direkt beeinflussen und gestalten. Überlegen Sie einmal, wo in Ihrer Geschäftsstelle Defizite bestehen, die Sie abbauen müssen.

Aber auch indirekt können Sie den Verkauf fördern:

Ist der Geschäftsstellenleiter auch PR-Mann?

PR (public relations) wird nicht nur von einer PR-Stelle, von einem Mitarbeiter der Marketingabteilung, oder direkt vom Vorstand gemacht. Auch der Geschäftsstellenleiter macht PR (Öffentlichkeitsarbeit) in seinem Einzugsgebiet.

Bevor wir ein paar Beispiele bringen, welche konkreten PR-Aktivitäten Sie und Ihre Mitarbeiter einsetzen können, ein paar Bemerkungen, was PR ist.

Wir sind daran interessiert, in der Öffentlichkeit eine positive Resonanz hervorzurufen. Man soll von uns eine gute Meinung haben und gut über uns sprechen. Damit dies geschieht, müssen wir Beziehungen zur Öffentlichkeit aufbauen und pflegen. Dadurch soll langfristig Vertrauen aufgebaut und der Boden aufbereitet werden für unsere Aktivitäten. Die Öffentlichkeit muß überzeugt werden, daß unsere Maßnahmen und Aussagen glaubwürdig sind.

Wir wollen auch beweisen, daß wir einen Beitrag zum wirtschaftlichen und gesellschaftlichen Fortschritt leisten und wertvolle Mitglieder der Gemeinden sind, in denen wir unseren Standort haben. Auch kulturelle und karitative Aktivitäten tragen zum positiven Image bei.

Bei der Pflege der Beziehungen zur Öffentlichkeit spielen für Sie die Verbindungen zur lokalen Presse, zu den Meinungsbildnern in Ihrem

Einzugsgebiet (Politiker, Ämter, Behörden, Kirche etc.), zu Schulen, zu Vereinen usw. eine große Rolle. Welche konkreten PR-Maßnahmen können Sie nun selbst realisieren? Hier eine beispielhafte Auswahl:

- Ausstellung von Künstlern in Ihrer Geschäftsstelle
- Funktionen in Vereinen und Clubs
- Spenden für Vereine und karitative Einrichtungen
- Übergabe von Pokalen bei lokalen Sportveranstaltungen
- Präsenz bei lokalen Veranstaltungen
- Sponsoring von lokalen Veranstaltungen
- Informationsveranstaltungen (Vorträge über Ihr Institut und Ihre Produkte)
- PR-Artikel in der lokalen Presse
- „Kundenkartei" für die Meinungsbildner Ihres Einzugsgebietes (Geburtstags-, Weihnachtswünsche, einmal jährlich zum Mittagessen einladen usw.)
- Kundenstammtisch
- Wirtschafts-Club für Firmenkunden
- Weihnachtsbasar (Erlös für karitative Zwecke)
- Investmentclub
- Kundenveranstaltungen bei Jubiläen der Geschäftsstelle
- Tag der offenen Tür
- Schulbesuche bei Schulbeginn und Schulschluß
- Besichtigung Ihrer Geschäftsstelle durch Schulklassen
- Spielzeug für Kindergarten spenden

Sicher fallen Ihnen noch weitere Beispiele ein. Wichtig ist jedoch, daß Sie einige dieser PR-Aktivitäten konsequent in Ihrer Geschäftsstelle durchführen. Nehmen Sie sich zumindest eine Aktivität pro Monat vor. Mit welcher beginnen Sie?

Vielleicht einmal mit einer Aufstellung aller wichtigen Personen Ihres Einzugsgebietes in Listenform. Sodann mit der Anlage einer Kartei je Person.

Muster Liste:
Wichtige Personen meines Einzugsgebietes aus folgenden Bereichen:

- Politik
- Wirtschaft
- Kirche

- Medizin/wichtige Freiberufler
- Wissenschaft/Schule
- Öffentliche Hand/Ämter
- Kunst
- Presse
- Sonstiges

Muster-Kartei:
Daten zur Person:

- Titel
- Name
- Adresse
- Telefon
- Bedeutung
- Kunde/Nichtkunde
- Geburtstag
- Familie
- Hobby

Sodann überlegen Sie sich je Person das Betreuungsziel, die möglichen Betreuungsanlässe sowie Häufigkeit und Zeitpunkt der Betreuungskontakte. Damit haben Sie dann nicht nur ein Betreuungskonzept für die Meinungsbildner Ihres Einzugsgebietes, sondern wissen auch rasch, welche Personen Sie zu welchen PR-Maßnahmen einladen müssen.

Als Geschäftsstellenleiter sind Sie in der Umsetzung also tatsächlich auch PR-Mann.

023 Tip 132 aus Nr. 9/88	Kaffee und Kuchen am Weltspartag!

In vielen Banken und Sparkassen ist der Weltspartag, aufgrund der Geschenke für Kunden, ein Tag mit hoher Besucherfrequenz. Viele Leute besuchen uns, und wir könnten eine Menge davon ansprechen. Dazu ein Tip aus Österreich:

Wie macht man das am geschicktesten? Wenn Sie die Kunden ansprechen, wenn diese sich schon angestellt haben, hört Ihnen niemand mehr zu. Einfacher geht es, wenn Sie in Ihrer Geschäftsstelle eine Ecke zu „einem kleinen Kaffeehaus“ umfunktionieren. Man benötigt einen Tisch, wo man Kaffeekanne(n) und Kaffeeschalen (plus nötigem Zubehör wie Zucker, Milch, Löffel etc.) aufstellen kann, und ein paar Sessel. Ein oder zwei Mitarbeiter (je nach Größe der Geschäftsstelle) werden „zum Plaudern“ abgestellt, d. h. um mit den Kunden ins Gespräch zu kommen, auf Bankangebote hinzuweisen, Abschlüsse zu tätigen (oder an Kollegen weiterzuleiten) oder Informationen für später zu erhalten.

Beim Service und beim Kaffeekochen kann Ihnen vielleicht eine Aushilfe helfen oder sogar Angehörige Ihrer Mitarbeiter. Für diesen einen Tag sollten alle zusammen helfen. Ein Problem stellt sicher die Menge der Kaffeeschalen dar, die Sie benötigen, damit nicht dauernd jemand abwaschen muß. Nicht ganz so schön, aber ihren Zweck erfüllen auch Pappbecher und Plastiklöffel.

Diese Idee haben schon zahlreiche Geschäftsstellen mit Erfolg umgesetzt. Die Kunden kommen gerne zur Kaffee-Ecke, und viele Abschlüsse konnten an diesem Platz schon angebahnt werden. Wann kann man mit Ihnen Kaffee trinken? Schon an diesem Weltspartag?

Nützen Sie den Weltspartag, an dem viele Kunden zu Ihnen kommen, für Verkaufsaktivitäten. Die Kaffee-Ecke ist dafür eine indirekte Möglichkeit.

024 Tip Nr. 247 aus Nr. 9/90	Wie kundenorientiert ist Ihre Telefonzentrale?

Was erlebt ein anrufender Kunde oder Interessent, wenn er Ihre Geschäftsstelle anruft? – Muß er lange warten, wird er mehrmals (unnötigerweise) weitergeleitet, klingt ihm eine freundliche und serviceorientierte Stimme entgegen?

Auch und gerade die Telefonzentrale Ihres Hauses oder Ihres Geschäfts ist eine Visitenkarte Ihres Kreditinstitutes. Die Mitarbeiter in der Telefonzentrale stellen oft den ersten Kontakt zwischen anfragenden Anrufern sowie den Mitarbeitern der Bank oder Sparkasse her. Die Leistungen in der Telefonzentrale werden allzu leicht verkannt. Messen Sie sie an den vier folgenden Anforderungen:

1. *Schnelligkeit – Wartezeit:*
   - Wie schnell wird der Anrufer mit der Zielperson verbunden?
   - Wie wird die Wartezeit erklärt?
   - Wie wird die Wartezeit überbrückt?
2. *Hilfsbereitschaft – Unterstützung:*
   - Wie wird geantwortet?
   - Welche Hilfen und Alternativen werden angeboten?
3. *Freundlichkeit – Höflichkeit:*
   - Wie freundlich wird gesprochen?
   - Wird auch mal gelächelt (ist am Telefon zu hören!)?
   - Werden die Anrufer persönlich und mit Namen angesprochen?
4. *Deutlichkeit – Klarheit:*
   - Wie verständlich wird gesprochen?
   - Werden Nebengeräusche vermieden?
   - Werden die Zielpersonen individuell angekündigt („Ich verbinde Sie mit Frau ...“)?

Testen Sie einmal die Qualität von fremden Telefonzentralen. Rufen Sie am besten bei einigen anderen (örtlich konkurrierenden) Kreditinstituten an. Dabei gibt es sicher viel für Sie und die Kollegen aus Ihrer Telefonzentrale zu erfahren: Abschreckendes, Absonderliches, Erstaunliches, Neues, Ärgerliches und vor allem auch Übernehmenswertes!

025 Tip Nr. 254 aus Nr. 10/90	Seien Sie neugierig!

Sie und Ihre Mitarbeiter unterhalten zu vielen Kunden beste (persönliche/freundschaftliche) Beziehungen. Sie suchen das Kontaktgespräch – auch mit zum Teil sehr privaten Themen – und investieren wertvolle Arbeitszeit in diese Kundengruppe. Dennoch sind Sie manchmal gerade von diesen Kunden enttäuscht: Ein solch gutbekannter Kunde schließt plötzlich (aus Bank- und Sparkassensicht!) eine Finanzdienstleistung bei einer fremden Bank oder Sparkasse, bei einer fremden Versicherung sowie Bausparkasse oder bei einem (Versand-)Händler ab.

Eine vorzeitige Information von diesen Kunden hätte Ihre Abschlußmöglichkeiten deutlich verbessert. Eine ‚gesunde' Neugierde ist sicher abschluß- und damit geschäftsfördernd. Deshalb die klare Empfehlung an alle Bank- und Sparkassenmitarbeiter mit direktem Kundenkontakt: Fragen Sie (möglichst frühzeitig) nach den diversen (Finanz-)Plänen Ihrer Kunden. Hier einige Formulierungsvorschläge:

- „Frau Schmidtberg, was steht bei Ihnen in nächster Zeit rund um das Geld an?",
- „Worüber sollte ich Sie für Ihre nächsten Anlage- oder Finanzierungsentscheidungen informieren?",
- „Rund um Geldangelegenheiten hat sich in letzter Zeit viel geändert. Welche Pläne stehen bei Ihnen in der kommenden Zeit an?"
  oder
- „Herr Schreiner, welche Pläne haben Sie in den nächsten Wochen (Monaten) bei Ihren finanziellen Angelegenheiten?"

Die Neugierde ist verkäuferisch sinnvoll, sollte aber bei Ihren Kunden nicht zu stark wahrgenommen werden. Wenn Sie Ihre Fragen begründen, wird der Eindruck der Neugierde reduziert; zum Beispiel:

- „... bei Ihren finanziellen Angelegenheiten. Ich würde Sie nämlich gerne mit dem einen oder anderen Tip unterstützen."

Mit den ‚Neugierde'-Fragen erhalten Sie frühzeitig Informationen Ihrer Kunden zu deren künftigen Plänen – eine solide Grundlage für künftige aktive Kundenansprachen.

026 Kommentar aus Nr. 1/89	Warum sind Ziele wichtig?

Wenn man von Zielen spricht, so stößt man oft auf Widerstände. Man wehrt sich gegen Zielvorgaben, spricht von Druck und Streß, fürchtet sich vor der Kontrolle, zweifelt die Erreichbarkeit an usw. Dies entsteht meist dann, wenn Vorgesetzte sich im Zielprozeß falsch verhalten.

Grundsätzlich ist es für jeden Menschen positiv, wenn er sich ein Ziel setzt, er tut dies ja im privaten Umfeld auch, ob er sich ein Haus baut oder am Wochenende einen Berg besteigen möchte; beides sind Ziele, die angestrebt werden. Wer nicht weiß, wohin er will, darf sich nicht wundern, wenn er ganz woanders ankommt.

Wenn man aber ein Ziel vor Augen hat, dann leistet man mehr!

Wenn man dann das Ziel erreicht hat, so hat man ein Erfolgserlebnis! Erfolgserlebnisse braucht man aber auch im Berufsalltag. Deshalb sind Ziele auch hier wichtig. Was wird durch Ziele im Arbeitsprozeß bewirkt?

- Man wird seine Arbeitskraft rationeller einsetzen.
- Man überlegt selbst, wie man das Ziel erreichen kann.
- Man identifiziert sich mit dem Ziel.
- Man ist aktiver und wird selbständiger.
- Ziele ermöglichen eine objektivere Erfolgsbilanz.
- Es gibt weniger Schlendrian und Leerlauf.
- Schwachstellen werden nicht beklagt, sondern gezielt angegangen.
- Man kann eigene Freiräume ausnützen, ohne ständig unter Druck zu sein.
- Bei Zielerreichung hat man ein größeres Erfolgserlebnis.

Ziele sind auch Ausdruck einer Fairneß gegenüber Mitarbeitern. Jeder Mitarbeiter soll wissen, welchem Ziel seine Arbeit dient. Er soll im Rahmen seiner Funktion an der Zielsetzung mitwirken und über die beabsichtigte Wirkung Klarheit haben. Mit der Zielsetzung hat der Mitarbeiter eine angemessene Selbständigkeit auf dem Weg zum Ziel. Durch die klare Zielsetzung wird eine gerechtere Beurteilung der Leistung ermöglicht.

Selbstverständlich gelten diese Grundsätze nicht nur für Ihre Mitarbeiter, sondern auch für Sie!

Oft nimmt man sich nun zwar etwas vor, es ist aber doch kein Ziel. Man nennt dies dann die sogenannten Neujahrsvorsätze, die man bald wieder vergessen hat. Sie müssen bei der Zielsetzung daher vier Kriterien berücksichtigen:

1. Quantität festlegen (Art, Stück, Volumen usw. müssen exakt bestimmt werden).
2. Zeitraum bestimmen (in welchem, bis wann das Ziel erreicht werden soll).
3. Erreichbarkeit prüfen (nur wenn eine subjektiv realistische Chance besteht, wird man sich anstrengen, das Ziel zu erreichen).
4. Kontrollierbarkeit sichern (Ziele müssen meßbar sein).

„Mehr Verkaufen“ ist also nach diesen Kriterien kein Ziel, sondern:

„20 Bausparverträge im nächsten Monat“ können ein Ziel sein.

Wofür sollte/kann man Ziele setzen:

- Abschlußziffern,
- Ansprachеziffern (wieviele Kunden in welcher Form anzusprechen sind),
- Quote Ansprachen zu Abschlüssen,
- Arbeitsschritte im Rahmen von Aktionen (z. B. Adressenbeschaffung),
- Produktnutzung bei einer zur Betreuung übernommenen Kundengruppe erhöhen,
- Telefonkontakte in einer bestimmten Periode,
- Anzahl Hausbesuche
- usw., es werden Ihnen sicher noch einige Möglichkeiten einfallen.

Ziele sollten nur für jene Arbeitsbereiche festgelegt werden, die der Betroffene auch tatsächlich beeinflussen und für die er damit auch tatsächlich verantwortlich gemacht werden kann. Sie können einen Mitarbeiter kaum dafür verantwortlich machen, daß er 1 Million DM Spareinlagen Nettozuwachs akquiriert (das ist daher ein Identifikationsziel), wenn andererseits Kapital abfließt, das er nicht beeinflussen kann. Sie können ihn aber verantwortlich machen, 50 Kunden anzusprechen, anzutelefonieren, deren Sparverträge fällig werden; mit einer Erfolgsquote von X Prozent, wenn dies den Erfahrungswerten entspricht.

Ob *Zielvorgabe oder Zielvereinbarung,* das ist so eine Sache. Es wird immer eine Mischung sein aus den Vorstellungen des Vorgesetzten oder geschäftspolitischen Notwendigkeiten und den Meinungen der Mitarbeiter. Wichtig ist unseres Erachtens die Mitsprachemöglichkeit, das Einbeziehen, die Diskussion bei unterschiedlichen Vorstellungen. Wir sollten berücksichtigen, daß der Mitarbeiter Ziele im wesentlichen nur nach seinen bisherigen Ergebnissen beurteilen kann. Sind die Zielvorstellungen weit höher, so müssen Begründungen dafür diskutiert werden (neues Produkt, umfangreiche Schulung, massive werbliche Unterstützung usw.), damit der Mitarbeiter eine Chance, sei sie noch so klein, für die Erreichbarkeit sieht. Andernfalls wird er von vornherein resignieren.

Die *Anzahl an Zielen* sollte pro Mitarbeiter nicht zu hoch sein, sonst gehen die Prioritäten verloren; etwa drei bis fünf Ziele kann man noch gleichzeitig verfolgen. Der Zeitraum sollte für Mitarbeiter nicht zu weit gesteckt sein. Ein Jahr ist lange, da hat man noch genügend Zeit, und man schiebt die Aktivitäten vor sich her. Wir müssen hier unterscheiden zwischen geschäftspolitischen Jahreszielen, die der Geschäftsstellenleiter im Auge behält, und den für Mitarbeiter besser geeigneten kurzfristigen Zielen von ein bis zwei Wochen bis maximal ein bis zwei Monaten, die eine Aktivierung und Motivation ermöglichen.

Der Geschäftsstellenleiter muß also seine Jahresziele das ganze Jahr hindurch immer wieder auf kurzfristigere operationale Maßnahmen und damit verbundene Ziele umlegen.

Einzelziele oder Gruppenziele?

Vor dieser Frage steht der Geschäftsstellenleiter, wenn er mehrere Mitarbeiter zu führen hat. Seitens vieler Mitarbeiter besteht anfangs Widerstand gegen Einzelziele, d. h. persönlich Verantwortung für die Erreichung eines bestimmten Ergebnisses zu übernehmen.

Die Gründe dafür liegen

- in der Angst vor Mißerfolg bzw.
- in der Angst vor möglichen, nicht bekannten Konsequenzen bei Nichterreichung.

„Wir haben nur vage Hoffnungen, aber klare Befürchtungen“,

stellt bedauernd Paul Valery (französischer Schriftsteller) fest.

Und bei den Zielen denken wir besonders deutlich an unsere Befürchtungen. Um dieser Diskussion auszuweichen, neigen viele Führungskräfte dazu, eher Gruppenziele zu vereinbaren.

In der Praxis sollten Sie jedoch beide Varianten einsetzen. Beide Zielarten haben ihre Vor- und Nachteile.

Vorteile von Gruppenzielen (= Nachteile von Einzelzielen)

- Teamgeist
- gegenseitige Anregungen
- ein positiver „informeller Gruppenführer" fordert die anderen zum Mitmachen auf
- Gruppendruck (man möchte in der Gruppe bestehen)
- Gruppenziele können vom Zeitaufwand her schneller fixiert werden
- keine negative Konkurrenzierung („Kundenklau")
- usw.

Vorteile von Einzelzielen (= Nachteile von Gruppenzielen)

- Jeder muß Leistung/Ergebnis bringen („Mitläufer" können nicht „untertauchen")
- Jeder einzelne übernimmt Verantwortung, dadurch höhere Identifikation, ein Ziel auch tatsächlich erreichen zu wollen
- Individuelles Eingehen auf die persönlichen Möglichkeiten
- Besprechen der persönlichen Entwicklungs- und Verbesserungsmöglichkeiten
- Klarheit (jeder weiß, woran er ist, wer macht was bis wann)
- Vergleichsmöglichkeit untereinander
- Leistungsträger (die guten Verkäufer) sind besonders motiviert, sie finden die entsprechende Anerkennung und werden nicht frustriert, weil sie andere immer „mitziehen" müssen
- usw.

Auf Dauer werden Sie über Einzelzielvereinbarung höhere Ergebnisse erzielen. Je leistungs- und verkaufsorientierter Ihre Mitarbeiter sind, um so mehr sind sie auch an Einzelzielen interessiert. Aber ein solches Verhalten muß sich erst entwickeln. Also müssen Sie zuerst Ihre Mitarbeiter an Ziele gewöhnen. Beginnen Sie mit Gruppenzielen, führen Sie dann schrittweise Einzelziele ein, lassen Sie dann beide Varianten parallel laufen, ehe Sie im Laufe der Zeit zu verstärkten Einzelzielen kommen.

Vergleichen Sie dies mit Sportlern, die sowohl im Einzel- als auch im Mannschaftswettkampf antreten. Der Sieg im Einzelwettkampf hat für diesen Sportler fast immer den höheren Stellenwert, auch wenn er in der Mannschaft antritt und dort ebenfalls erfolgreich ist.

Da es sich bei einer Zielsetzung um eine Willensbildung handelt (ich will etwas erreichen!), sollten Sie die Zielerreichung nicht mit hohen materiellen Werten koppeln. Es gibt Menschen, die sich eher ein herausforderndes, höheres Ziel setzen, weil Sie dadurch mehr angespornt werden.

„Jeder muß sich ein Ziel setzen, das er nur schwer erreichen kann, damit er stets zu ringen und zu streben hat."

(Johann Heinrich Pestalozzi)

„Wer alle seine Ziele erreicht hat, hat sie wahrscheinlich zu niedrig gewählt."

(Herbert von Karajan)

Bei Koppelung der Zielerreichung an materielle Werte wird ein solches Verhalten eher bestraft, und bei der nächsten Zielvereinbarung beginnt das große Taktieren, möglichst niedrige Ziele zu haben, um die Prämie schnell und sicher zu erreichen. Ein besseres Ergebnis wird nicht mehr angestrebt.

Sie sehen also, Ziele sind wichtig. Es gehört jedoch eine Menge Sensibilität und richtiges Führungsverhalten dazu, damit Ziele positiv gesehen werden.

Erst im Laufe der Zeit, nach vielen Erfahrungen, werden Ziele als selbstverständlich und notwendig gesehen.

Wissen Sie, wohin Sie wollen? Auch deshalb sind Ziele wichtig!

027 Tip 193 aus Nr. 10/89	Hinter jedem erfolgreichen Mann steht eine ... Frau!

Eine *tüchtige* Frau, die ihrem Gatten aktiv mithilft. Eine *verständnisvolle* Frau, welche die beruflichen Erfordernisse des Gatten akzeptiert. Die Beispiele lassen sich beliebig fortsetzen. Oft sind diese Frauen die wirklichen Meinungsbildner und Entscheider darüber, mit welcher Bank oder Sparkasse gearbeitet wird. In vielen Fällen sind diese Frauen die Kontaktpersonen zu Ihnen, bei Firmenkunden, bei Freiberuflern, bei Leitenden Angestellten.

Was tun Sie für diese Zielgruppe? Schenken Sie diesen Kundinnen genügend Aufmerksamkeit? Haben Sie ein Betreuungskonzept?

- Sprechen Sie mit diesen Kundinnen einmal über deren persönliche finanzielle Bedürfnisse.
- Geben Sie Fachinformationen über bestimmte Sparten nicht nur an die Männer, sondern auch an die Frauen.
- Wenn Sie die Männer zu einer Veranstaltung einladen, dann laden Sie die Frauen mit ein.
- Laden Sie diese Kundinnen zu eigenen Veranstaltungen ein.
- Eine Geschäftsstelle hat solche VIP-Kundinnen einmal zu einer Nachmittagsveranstaltung bei Kaffee und Kuchen eingeladen, es wurde eine gelungene Veranstaltung.

Denken Sie mit Ihren Mitarbeitern einmal über diese Zielgruppe nach und überlegen Sie spezielle Maßnahmen.

Wenn Sie die Frauen von erfolgreichen Männern gut betreuen, werden diese Frauen ihre Männer positiv hinsichtlich der Geschäftsbeziehung zu Ihnen beeinflussen.

028 Tip Nr. 200 aus Nr. 11/89	Verlorene Kunden

Neben dem Ausbau der Geschäftsbeziehungen zu dem bestehenden Kundenstamm ist die Neukundengewinnung für Kreditinstitute eine permanente Aufgabe. Die Suche nach potentiellen Kunden ist dabei für viele Bankmitarbeiter sehr aufwendig und mühsam. Da werden Verzeichnisse, Kataloge und Zeitschriften geblättert, Eintragungen in Datenbanken analysiert, Tageszeitungen und Telefonverzeichnisse durchstöbert usw.

Und dennoch liegt erfolgversprechendes Adressenmaterial fast griffbereit bei Banken und Sparkassen: die in der Vergangenheit verlorenen Kunden. *Es ist leichter, verlorene Kunden zurückzugewinnen, als ganz neue Kunden aufwendig zu suchen.* Überprüfen Sie am besten gleich einmal Ihre Unterlagen über verlorene Kunden. Die Ansatzpunkte sind sehr vielfältig:

- ehemalige Kunden
- abgelöste Finanzierungen
- ältere Sparkonten ohne Ein- und Auszahlungen
- Depotinhaber ohne Wertpapierkäufe und -verkäufe
- Geschäfts- und Privatgirokonten ohne Bewegung

Die Liste ist je nach Geschäftsstruktur Ihres Kreditinstitutes beliebig fortsetzbar. Achtung: Vereinzelt werden Sie bei den ‚verlorenen Kunden' auch auf unzufriedene Kunden stoßen. Hier gilt es besonders die Regeln der Reklamationsbewältigung zu beachten:

- Verständnis für die Kundenaussagen zeigen
- aktives Zuhören und Nachfragen
- Zusammenfassung und Lösungsvorschlag
- internes Klären der Vorwürfe
- Vereinbarung mit dem Kunden für die Zukunft treffen

Einige Kunden wurden aus sehr persönlichen Gründen verloren. Der Kunde hat sich dabei über das Verhalten eines bestimmten Bankmitarbeiters geärgert (z. B. Absage eines Kreditwunsches); die Folge: Auflösung der gesamten Geschäftsverbindung. Ein neuer Bank- oder Sparkassenmitarbeiter hat jetzt neue Chancen. Die aus persönlichen Gründen beendete Zusammenarbeit kann mit einer neuen Kontaktperson erneuert werden.

029 Tip 146 aus Nr. 12/88 Tip 155 aus Nr. 2/89	Sprechen Sie Ihre Kunden mit deren Namen an?

Selbstverständlich, werden Sie sagen. Ich möchte Ihnen dazu eine kleine Geschichte erzählen.

Als ich einmal auf Reisen war und in einer Geschäftsstelle einer Bank in Hamburg mit Scheck und Scheckkarte Geld abhob, wurde ich von einer älteren Dame bedient. Als sie mir dann das Geld übergab, sagte sie zum Abschied: „Herr ..., ich darf Ihnen noch einen schönen Aufenthalt in Hamburg wünschen."

Ich war beeindruckt, sie hatte meinen Namen von der Scheckkarte für eine aktive Namensansprache übernommen.

Das ist schon nicht mehr so selbstverständlich. Unsere Mitarbeiter sprechen sicherlich jene Kunden mit dem Namen an, die sie gut kennen, die oft in die Geschäftsstelle kommen. Weit weniger passiert dies jedoch bei jenen Kunden, die seltener kommen, die weniger persönlich bekannt sind. Wir haben in den „Monatlichen Praxistips" schon mehrmals über diese Zielgruppe geschrieben, die „durchschnittlichen Kunden".

Bei dieser Zielgruppe sollten Sie überprüfen, ob Ihre Mitarbeiter die Möglichkeit nutzen, diese Kunden mit dem Namen anzusprechen. Hören Sie einfach zu, wie Ihre Mitarbeiter die Kunden begrüßen. Sie werden überrascht sein, wie oft dies nicht der Fall ist. Wenn dies auch bei Ihnen so sein sollte, dann sprechen Sie mit Ihren Mitarbeitern über die Forcierung der Namensansprache.

Man steht sehr positiv zur Namensansprache, doch meist erfolgt sie bei weit weniger Kunden, als man glaubt. Nutzen Sie daher jede Gelegenheit, alle Ihre Kunden mit dem Namen anzusprechen. Ihre Kunden werden positiv beeindruckt sein.

Wie erfahren Sie rasch den Namen Ihres Kunden?

Die Frage „Darf ich Sie um Ihren Namen bitten?" ist nicht immer geeignet, besonders am Beginn eines Gespräches.

Stellen Sie sich daher gleich am Beginn des Gespräches vor: „Guten Tag, mein Name ist Müller" und reichen Sie dem Kunden die Hand. Fast in jedem Fall wird der Kunde mit seinem Namen antworten. Wenn Sie ihn nicht verstehen, können Sie ruhig nachfragen:

„Habe ich richtig verstanden, Herr Huber?"
„Entschuldigen Sie, ich habe Ihren Namen nicht richtig verstanden".
Dann fahren Sie fort, zum Beispiel:
„Darf ich Sie bitten Platz zu nehmen, Herr Huber".

Übrigens: Untersuchungen haben gezeigt, daß sich nur 11 Prozent der Bankberater beim Kunden vorstellen. Gehören Sie zu diesen 11 Prozent?

030 Kommentar aus Nr. 10/89	Fünf Sünden von Bankmitarbeitern

Bank- und Sparkassenmitarbeiter haben fest gefügte Einstellungen zu ihrer Tätigkeit mit und für Kunden sowie Einschätzungen ihrer Beziehungen zu Kunden. Diese Grundwerte prägen dann auch das individuelle Verhalten im Alltag mit ihren Kunden. Überprüfen Sie Ihre Einstellungen und Einschätzungen an den folgenden ‚fünf Sünden' vieler Mitarbeiter von Kreditinstituten:

1. Der Bank- oder Sparkassenmitarbeiter überschätzt den Ertrag von guten Kunden

Die vermeintlich ‚guten' Kunden werden immer wieder gehätschelt und gepflegt, kein Weg ist zu weit, kein Service zu aufwendig. Entgegenkommen bei der Preis- und Vertragsgestaltung ist selbstverständlich. Doch bei genauer Ertragsanalyse schneiden die Topkunden nicht gerade top ab. Der hohe personelle und technische Aufwand steht einem relativ geringen Ertrag bei diesen Kunden gegenüber. Oft werden Geschäfte nur aus Prestige- oder Volumensgründen abgeschlossen.

Die Alternative: Denken Sie an Ihre normalen und durchschnittlichen Kunden. Diese bringen Ihnen regelmäßige Erträge, akzeptieren auch Normalkonditionen und sind in der Regel ‚pflegeleicht'.

2. Der Bank- oder Sparkassenmitarbeiter unterschätzt seine Wettbewerber

Kunden sprechen nicht immer von anderen Kreditinstituten – selbst dann, wenn sie schon eine Nebenkontoverbindung eröffnet haben. Ruhe auf der Kundenseite ist sehr trügerisch: Ruhe kann Zufriedenheit bedeuten, Ruhe kann allerdings auch ein Zeichen von Resignation und Abkehr sein. Gerade Kunden, die weder positive noch negative Äußerungen zur Bank oder Sparkasse machen, werden gerne unterschätzt. Man unterstellt dann gerne eine feste Geschäftsverbindung.

Die Alternative: Sprechen Sie gerade ‚stille' und ‚ruhige' Kunden aktiv an. Bieten Sie zusätzliche Bank- und Sparkassenleistungen an, informieren Sie über aktuelle günstige Anlagen oder Finanzierungen, zeigen Sie persönliches Interesse, suchen Sie gezielt das Gespräch.

3. Der Bank- oder Sparkassenmitarbeiter überschätzt sein Engagement

Welcher Mitarbeiter sagt von sich: „Ich bin kaum engagiert", „Ich bin ein schwacher Kundenberater" oder „Ich habe eigentlich schon längst die innere Kündigung gegenüber meinem Kreditinstitut ausgesprochen"?

Und dennoch sind die Aussagen von Kunden interessant. Sie sprechen von trägen und zurückhaltenden Bankbeamten sowie Angestellten und ordnen dagegen den Mitarbeitern von Versicherungen und Bausparkassen Begriffe wie agil, aktiv, dynamisch und engagiert zu. Auch die Marktanteilsentwicklungen sprechen eine klare Sprache gegen das Engagement vieler Bank- und Sparkassenmitarbeiter.

Die Alternative: Zeigen Sie Engagement für Ihre Kunden. Kümmern Sie sich auch um Kleinigkeiten; das bißchen Mehr an Service wie Pünktlichkeit und Zuverlässigkeit wird belohnt. Freuen Sie sich über jeden Kundenanruf oder -besuch und zeigen Sie das auch deutlich.

4. Der Bank- oder Sparkassenmitarbeiter unterschätzt das Absatzpotential

Besonders Finanzierungsberater neigen zu Aussagen wie „Das ist ein Einmalkunde" oder „Der Kunde baut und finanziert nur einmal im Leben". Das mag auch für einen Teil der Kunden stimmen, für den anderen Teil sicher nicht. Der vermeintliche Einmalkunde fragt auch andere Dienstleistungen nach, der vermeintliche Einmalkunde hat Bekannte, Freunde, Nachbarn, Kollegen, der Einmalkunde ist Multiplikator usw.

Die Alternative: Sprechen Sie mit den vermeintlichen ‚Einmalkunden'. Oft ergibt sich ein erneuter oder zusätzlicher Leistungsbedarf. Nutzen Sie den Bekanntenkreis des Einmalkunden und holen Sie gezielt Empfehlungen ein (siehe auch Tip 098 in Band 1).

5. Der Bank- oder Sparkassenmitarbeiter überschätzt seine guten Kontakte

Mit der wachsenden Zahl von Berufsjahren werden die eigenen Kontakte zu Kunden oft überschätzt. Die sich ständig ändernde Zusammensetzung der Kundschaft wird immer weniger wahrgenommen. Nachwachsende Kundenschichten werden nur zögerlich angesprochen und betreut. Die Folge: Der Kundenstamm überaltert, und die neuen Geschäftsmöglichkeiten werden nur unzureichend wahrgenommen.

Und auch die guten Kontakte werden schwächer: Die Kunden werden anspruchsvoller und suchen Leistungsvergleiche. Immer mehr Kunden (auch Privatkunden) unterhalten Mehrfachbankverbindungen. Die alten Kontakte verlieren an Gewicht; die Zuwachsraten liegen unter denen von (Allfinanz-)Wettbewerbern.

Die Alternative: Pflegen Sie die bewährten Kontakte und suchen Sie neue Kontakte: Nehmen Sie sich pro Woche eine feste Anzahl von Betreuungsgesprächen vor. Halten Sie zu diesen Kunden Kontakt nach dem Motto ‚Steter Tropfen höhlt den Stein‘.

031 Tip 251 aus Nr. 10/90	„Wenn Du jemanden ohne Lächeln siehst, so schenke ihm Deines!“

Die alten Chinesen hatten schon recht: Wer es nicht versteht, an der Kundenfront ein Lächeln aufzusetzen, der sollte dem Handelsstand besser fliehen.

Übrigens ist ein Lächeln die kürzeste und einfachste Kommunikation zum Mitmenschen. Das Lächeln kostet übrigens nichts außer einer redlichen Überwindung, unseren Mitmenschen nicht nur unsere schlechte Laune, unsere Probleme als Teil unserer Persönlichkeit zu vermitteln. (Theuer/Unternehmenskultur)

„Mit einem Lächeln geht es immer besser! Wer lächelt, schießt nicht.“
(Konrad Lorenz)

Mit einem Lächeln gehen wir offen auf unsere Kunden (und auch auf unsere Kollegen) zu. Mit einem Lächeln können wir ja keine abweisende Antwort geben. Mit einem Lächeln sehen wir die Wünsche und Probleme anderer positiv: als unsere Aufgabe, diese Wünsche zu befriedigen und die Probleme zu lösen. Mit einem Lächeln bringen wir auch andere dazu, ihre abwehrende und abweisende Haltung aufzugeben.

Probieren Sie es einmal, wenn Sie mit Ihnen unbekannten Personen im Lift fahren. Statt verlegen in die Luft oder auf den Boden zu schauen und das Gefühl des Unbehagens durch die Beengtheit und Spannung aufkommen zu lassen, schenken Sie den Mitfahrern ein Lächeln und vielleicht sogar noch einen Gruß. Sie werden sehen, daß Ihnen die meisten Menschen dankbar dafür sind.

Lächeln Sie? Lächeln Ihre Mitarbeiter?

Mit einem Lächeln öffnen Sie die Tür zum Erfolg.

032 Kommentar aus Nr. 11/90	Das Nein verkaufen

Meistens sagen wir gerne „Ja“ zu unseren Kunden. Doch in einigen Sondersituationen ist ein Nein angebracht: Der Kunde erfüllt Voraussetzungen für eine Scheck- oder Kreditkarte nicht, die Prüfung von Finanzierungsunterlagen ist negativ verlaufen usw.

Die Ablehnung, das Nein ‚verkaufen‘, wird zu einer Aufgabe, die Fingerspitzengefühl verlangt. Schroffe und direkte Ablehnungen können eine Reihe unangenehmer Folgen auslösen:

- Der Kunde ist verägert,
- er trägt seine Verärgerung im Bekanntenkreis weiter.
- Der Kunde beendet die Zusammenarbeit mit der Bank,
- er verzichtet auf Geschäfte, die vom Nein nicht berührt werden
- und er schließt künftige Geschäfte bei anderen Instituten ab.

Der kundenorientierte Nein-Verkauf berücksichtigt:

1. Alternativen statt Ablehnung

Haben Sie Verständnis für das Anliegen und das Verhalten Ihrer Kunden. Zeigen Sie Alternativen zu Ihren Ablehnungen auf. Selbst dann, wenn der Kunde die Voraussetzungen für die Alternativen nicht erfüllen kann: Wenn die Kreditraten nicht tragbar sind, sprechen Sie längere Laufzeiten, einen geringeren Kreditbetrag oder eine andere Kreditform an. Wenn das Objekt Mängel aufweist, zeigen Sie Verbesserungsmöglichkeiten auf usw.

2. Der Kunde soll die Entscheidung treffen

Versetzen Sie sich in die Lage Ihres Kunden. Argumentieren Sie so, daß es in seinem Sinne ist, wenn sein Wunsch nicht zum Abschluß führt. Stellen Sie den Vorteilen insbesondere die Risiken und Nachteile gegenüber: „Überprüfen Sie noch einmal ...“, „Bedenken Sie die Auswirkungen des ...“ oder „Überlegen Sie sich bitte zu ... Alternativen. Aus meiner Sicht ist ... denkbar“.

3. Argumente für Alternativen

Wenn Ihr Kunde seine Vorstellungen überdenkt, sollten Sie ihm Argumente für alternative Lösungen/Bankleistungen nahebringen. In Ausnahmefällen können Sie keine Alternativen vorschlagen, da Sie keinerlei Möglichkeiten der Zusammenarbeit sehen. Der Dank für den Wunsch nach Zusammenarbeit und das Vertrauen sollte auf alle Fälle erfolgen.

4. Gemeinsames Verfahren

Suchen Sie mit Ihrem Kunden nach einem gemeinsamen Verfahren für das weitere Vorgehen. Eine gute Grundlage für künftige Zusammenarbeit ist die Überzeugung des Kunden, daß Sie ihn vor einer Fehlentscheidung bewahrt haben. Betonen Sie abschließend Ihr Interesse an einer weiteren Zusammenarbeit.

Gerade Kreditkunden, die eine Ablehnung erfahren haben, sind besonders abwanderungsgefährdet. Pflegen Sie diese Kunden in den kommenden Monaten intensiv. Suchen Sie das Gespräch, sprechen Sie diese Kunden aktiv an, geben Sie gezielt Tips zu finanziellen Angelegenheiten.

Gerade jüngere Kunden, die besonders Scheckkarten nachfragen, sind sehr prestigeorientiert. Geben Sie ihnen die absolute Sicherheit, daß sie bald ihre Karte erhalten werden. Nennen Sie konkret die einzelnen Voraussetzungen wie ein regelmäßiger Geldeingang oder ein festes Beschäftigungsverhältnis.

033 Tip 167 aus Nr. 4/89	**Sie gehören zu jenen Kollegen, die uns neue Kunden vermittelt haben. Dafür wollen wir Danke sagen.**

So lautet die Einladung einer Geschäftsstelle an Kolleginnen und Kollegen der Zentrale.

An solche, die über private Kontakte der Geschäftsstelle einen neuen Kunden zugeführt haben.

An solche, die ihre Tätigkeit in einer Fachabteilung des Institutes genutzt haben, um über einen geschäftlichen Kontakt für die Geschäftsstelle einen neuen Kunden zu gewinnen oder ein zusätzliches Geschäft zu vermitteln.

Das „Danke“ kann unterschiedlich sein, zum Beispiel die Einladung in die Geschäftsstelle zu einem kleinen Imbiß oder die Übersendung eines kleinen Werbegeschenkes oder ...

Das „Danke“ an sich ist wichtig. Auch die Kollegen in der Zentrale brauchen gelegentlich ein kleines Lob. Denn wenn sie dieses Danke von Ihnen erhalten, werden sie sich viel eher bemühen, Ihnen wieder ein Geschäft zukommen zu lassen.

Danke sollten Sie auch sagen, wenn Kollegen der Zentrale besonders geholfen haben, um ein Geschäft abschließen zu können oder einen heiklen Kundenwunsch zu erfüllen oder eine Beschwerde positiv zu erledigen.

Wenn Sie Ihren Kollegen in der Zentrale für vermittelte Geschäfte danken, denken diese Kollegen auch in Zukunft an Sie. Die Kollegen freuen sich über Ihre Reaktion, über den Erfolg der Empfehlung oder Unterstützung, werden dies vielleicht weitererzählen und möglicherweise so wieder andere Kollegen zur Nachahmung animieren.

Diese Idee kann man auch realisieren, wenn Ihnen Kunden ein Geschäft vermittelt haben.

Denn auch in diesen Fällen sollten Sie „Danke“ sagen. Ein kurzer Anruf, ein Hinweis beim nächsten Besuch etc. Bedanken Sie sich für die Empfehlung, sagen Sie aber nichts über die geschäftliche Beziehung (Bankgeheimnis) mit dem empfohlenen neuen Kunden. Auch mit Geschenken seien Sie bei Kunden vorsichtiger, denken Sie eher darüber nach, ob nicht Sie diesem Kunden Ihrerseits mit einer Empfehlung, einem Tip, einer besonderen Betreuung behilflich sein können.

Kapitel 3: ZWEIGSTELLE

034 Tip 123 aus Nr. 7/88	Volle Aschenbecher!

Dieser Praxistip wird unsere Leser in zwei Lager teilen: die Nichtraucher, die uns zustimmen werden, und die Raucher, die heftig protestieren.

Wie ist das nun aus unserer Sicht mit dem Rauchen? Im Kundengespräch sollte der Mitarbeiter nicht rauchen! Nicht nur bei Nichtrauchern als Gesprächspartner, die durch Rauch möglicherweise besonders gestört werden.

Generell macht es keinen guten Eindruck, wenn ein Mitarbeiter im Kundengespräch eine Zigarette in der Hand hält oder die Zigarette im Aschenbecher „von selbst verraucht".

Wie verhalten Sie sich nun, wenn Ihnen vom Kunden eine Zigarette angeboten wird? Sie können zum Beispiel sagen:

„Danke, darf ich sie später rauchen?"

Auch in jenen Bereichen der Geschäftsstelle, in die der Kunde einsehen kann, sollte das Rauchen auf ein Minimum beschränkt werden. Wartende Kunden, die einen rauchenden Mitarbeiter sitzen sehen (auch wenn er eine wichtige Arbeit erledigt), werden die Nicht-Bedienung damit negativ assoziieren.

Und übrigens, wenn Sie Raucher sind, dann leeren Sie gelegentlich Ihren Aschenbecher. Nichts ist unschöner als ein Aschenbecher voller Zigarettenstummel.

Daheim müssen Sie es ja auch tun!

Die Mehrheit unserer Kunden empfindet Rauchen bereits als störend.

Stellen Sie sich darauf ein und diskutieren Sie mit Ihren Mitarbeitern eine Verhaltensregel für Ihre Geschäftsstelle. Auch wenn es bei einer Diskussion möglicherweise „heiß" hergehen wird.

035 Tip 185 aus Nr. 8/89	Was bringen Veranstaltungen außer Kosten?

- Im Zuge der zunehmenden Selbstbedienung im Bankgewerbe stellen Veranstaltungen eine Möglichkeit des persönlichen Kontaktes zum Kunden dar.
- Bei der Abwicklung von Bankgeschäften fehlt das sogenannte „Kauf-Erlebnis", eine Atmosphäre, wie sie beim Einkaufen in anderen Geschäften oft gegeben ist. Bei Veranstaltungen in den Bankgeschäftsstellen, bei einem Gläschen Wein, beim informellen Gespräch zwischen Kunden und Mitarbeitern kommt doch etwas emotionale Stimmung auf, die den Beziehungsaufbau erleichtert.
- Im Rahmen von Veranstaltungen sollen Informationen vermittelt werden, die Ausgangsbasis für neue Geschäftsabschlüsse sind. Diese Informationen können sowohl in einem fachlichen offiziellen Teil vermittelt werden als auch danach im informellen Teil der Veranstaltungen.
- Bei Veranstaltungen erhält man durch die Gespräche auch vom Kunden oft neue Informationen, die Auslöser für spätere konkrete Angebote sein können.

Um die obige Frage zu beantworten:

Es kommt auf die Veranstaltung an und darauf, was man daraus macht!

Wenn eine Geschäftsstelle nur Vernissagen von Künstlern veranstaltet, zu denen ohnehin immer nur dieselben Leute kommen, dann entstehen wirklich nur Kosten.

Anders sieht es aus, wenn man Veranstaltungen für gezielt ausgewählte Kundengruppen macht, seien es Veranstaltungen mit Fachvorträgen oder gelegentlich die eine oder andere Imageveranstaltung. Wichtig ist, daß die Mitarbeiter versuchen, einerseits gezielt Informationen weiterzugeben, als auch andererseits „die Ohren offenzuhalten", um Informationen aufzunehmen.

Entscheidend jedoch ist dann die Nachbearbeitung:

1. Gezielte Kontaktaufnahme zu Kunden aufgrund von Informationen, die man erhalten hat.

2. Versuch einer generellen Kontaktaufnahme, indem man zum Beispiel Unterlagen vom Fachvortrag anbietet bzw. übergibt oder zusätzliche Informationen anbietet.

Planen Sie daher mit der Veranstaltung auch gleich die Nachbearbeitung, denn dafür benötigen Sie meist mehr Zeit und Kapazität.

Erst durch gezielte Nachbearbeitung einer Veranstaltung entscheidet sich, ob die Veranstaltung außer Kosten auch Nutzen bringt.

036 Tip 159 aus Nr. 3/89	Türe öffnen!

In den meisten Geschäftsstellen gibt es noch keine sich automatisch öffnenden Türen, sondern die Tür ist mit der Hand zu öffnen.

Nun ist dies für Ihre Kunden unterschiedlich leicht oder schwer zu bewerkstelligen. Vor allem ältere, gebrechliche Personen tun sich schwer. Für sie ist es mühevoll, sowohl beim Betreten als auch beim Verlassen Ihrer Geschäftsstelle die Tür zu öffnen. Damit erschweren Sie den Besuch dieser Kundengruppen bei Ihnen.

Ähnlich ist es bei jungen Müttern, die mit dem Kinderwagen unterwegs sind. Tür halten und gleichzeitig den Kinderwagen durchschieben ist meist eine schwierige Angelegenheit. Den Wagen draußen stehen zu lassen, ist auch keine Lösung.

Wie sieht es mit Behinderten aus? Kann man mit dem Rollstuhl in Ihre Geschäftsstelle fahren oder stellt eine Stufe beim Eingang ein nur mühevoll zu überwindendes Hindernis dar?

Fragen, die Sie beschäftigen sollten. Auch wenn es vielleicht nur für wenige Ihrer Kunden ein großes Problem ist. Aber auch ein kleines Problem ist unangenehm, denken Sie nur an die Hausfrau, die mit einer großen Einkaufstasche durch die Tür will.

Suchen Sie nach Lösungsmöglichkeiten. Das Mindeste, was Sie und Ihre Mitarbeiter tun können, ist, auf solche Situationen zu achten, um dann schnell beim Öffnen der Tür behilflich zu sein.

Die Eingangstür zu Ihrer Geschäftsstelle sollte kein Hindernis sein, sondern eine Einladung, Sie zu besuchen. Deshalb erleichtern Sie den Zugang zu Ihnen.

037 Tip 135 aus Nr. 9/88	Haben Sie eine Aktionsauslage?

Immer nur Plakate in den Auslagen Ihrer Geschäftsstelle zu zeigen, wird auf Dauer unattraktiv. Wir wissen aus Untersuchungen, daß Passanten deshalb oft gar nicht die Auslagen von Bankgeschäftsstellen beachten. Dabei ist die Auslage ein wichtiges Werbemedium, an dem täglich Hunderte, Tausende Personen vorbeigehen.

Machen Sie Ihre Auslagen daher interessanter, indem Sie eine Auslage, ein Fenster, durch Ihre Geschäftsstelle als Aktionsauslage gestalten, die schwerpunktmäßig auf Ihr lokales Einzugsgebiet abgestimmt ist.

Was kann man in eine solche Aktionsauslage geben? Zum Beispiel:

- Bildbericht von regionalen Veranstaltungen in Ihrem Einzugsgebiet.
- Fotos und Informationen über eine Veranstaltung in Ihrer Geschäftsstelle.
- „Schwarzes Brett“ für Tauschangebote, Informationen über günstige Kaufgelegenheiten (Kunden verkaufen, Kunden kaufen).
- Jugendauslage (Informationen über kommende Veranstaltungen, Konzerte usw.).
- Sommerauslage (Sorten, Informationen über Ein- und Ausfuhrbestimmungen bestimmter Reiseländer usw.).
- Weihnachtsauslage (emotionale, weihnachtliche Gestaltung).
- Münzauslage (besondere Münzangebote und Kassetten).
- Auslage einem Künstler Ihres Einzugsgebietes zur Verfügung stellen.
- Auslage einem Kunden zur Verfügung stellen.

Sicher fallen Ihnen in der Diskussion mit Ihren Mitarbeitern noch weitere Möglichkeiten ein. Grundvoraussetzung ist, daß die Gestaltung nicht zu arbeitsaufwendig und „technisch“ schwierig für Sie ist. Weiter sollte die Auslage nach maximal einem Monat gewechselt werden, eher sogar früher.

Wenn Sie zumindest jeden Monat eine attraktive Auslage spezifisch auf Ihre lokalen Gegebenheiten gestalten, steigt auch das Interesse der Leute, sich Ihre Auslagen anzusehen.

038 Kommentar aus Nr. 8/90	Kundenorientierung im Alltag

Wie erfolgreich Kundenorientierung im Alltag von Kreditinstituten praktiziert wird, unterliegt sehr unterschiedlichen Vorstellungen. Nehmen Sie deshalb die folgende unvollständige Aufstellung als Diskussionsgrundlage für Gespräche über kundenorientiertes Verhalten mit Kollegen und Mitarbeitern.

Als Kunde einer Bank oder Sparkasse freue ich mich, wenn der Mitarbeiter …

1. … mich mit einem freundlichen „Guten Tag“ oder „Grüß Gott“ begrüßt. Die Körpersprache (Blickkontakt, offene Haltung) signalisiert Interesse, und die Namensnennung hebt mich aus der Masse der Kunden hervor.
2. … mich in den Mittelpunkt seiner Aktivitäten stellt. Das erreicht er vor allem durch den konsequenten Einsatz des Sie-Stils mit den Wörtern „Sie“, „Ihnen“ und „Ihre“ sowie das Vermeiden der anonymisierenden Wörter „Wir“, „Man“ und „uns“.
3. … das Verkaufsgespräch individuell eröffnet und auf leere Floskeln („Wie geht's?“) verzichtet. Der Klatsch der Woche oder das ganz normale Wetter sind sicher keine faszinierenden Themen. Ein sachlich-freundliches echtes Interesse wirkt weit überzeugender.
4. … mich nicht lange warten läßt oder mir signalisiert, daß er bald Zeit für mich hat. Wenige unnötige Minuten Wartezeit können subjektiv als kleine Ewigkeit empfunden werden.
5. … mir gegenüber immer wieder Verständnis ausdrückt. Zustimmungsformen wie „Das verstehe ich“, „Dafür habe ich Verständnis“ oder „Gut, daß Sie das ansprechen“ und das aktive Zuhören nehmen mich ernst und werten mich auf.
6. … sich selbst und auch seine Kollegen vorstellt. Dazu gehören vor allem die Namensnennung, aber auch Namensschilder am Beratungsplatz oder an der Kleidung sowie der konsequente Einsatz der Visitenkarte.

7. ... sich wirklich Zeit für mich nimmt. Es ärgert mich, wenn
   - Bank- oder Sparkassenmitarbeiter miteinander (über private Angelegenheiten) reden,
   - Bank- oder Sparkassenmitarbeiter in Dienstzeiten ihre (private Tages-)Zeitung lesen sowie
   - (Privat-)Telefonate in aller Breite führen

   und ich gleichzeitig warten muß. Besonders ärgert mich der häufige Blick zur Uhr und die Hektik kurz vor dem Ende der Schalteröffnungszeiten.
8. ... meine Wünsche sorgfältig erfragt und anschließend erfüllt. Ich habe bestimmte konkrete Vorstellungen und möchte auch nach diesen gefragt werden, auch wenn sie nicht immer zu den aktuellen geschäftspolitischen Schwerpunkten der Bank oder Sparkasse passen. Nur wenn meine Wünsche erfüllt werden, komme ich auch gerne wieder.
9. ... aktuelle Tips rund um finanzielle Angelegenheiten für mich hat. Ich selbst denke nicht immer an alle Themenkreise und Möglichkeiten. Dafür ist mein Berater in der Bank oder Sparkasse zuständig. Übrigens: Mit jedem Tip, der aufgegangen ist, komme ich lieber zu ihm – er hat es dann mit mir und seinen Verkäufen viel leichter.
10. ... sich um mich persönlich kümmert. Ich erwarte von ihm Unterstützung, kreative Lösungen und Engagement. Das Verstecken hinter Zuständigen, Regelungen, Anweisungen und gesetzlichen Vorschriften ist mir zuwider.

Natürlich weiß ich, daß Perfektion im Verkaufsalltag sehr schwer realisierbar ist. Deshalb honoriere ich auch schon den guten Willen von Bank- und Sparkassenmitarbeitern.

039 Tip 205 aus Nr. 12/89	Prosit Neujahr!

Jeder gratuliert jedem zum Jahreswechsel. Dies ist inzwischen zu reiner Routine geworden und schließt an allgemeine Grußformeln an. Irgendwie fehlt der persönliche touch, der Ihre Glückwünsche hervorhebt.

Damit Ihre Kunden gerade die Glückwünsche Ihrer Geschäftsstelle in Erinnerung behalten, lassen Sie jeden Kunden am letzten Arbeitstag des Jahres einen Glücksbringer ziehen.

Viele Menschen geben solche Glücksbringer in ihre Geldbörse und heben sie das ganze Jahr auf.

Diese Aktion bedarf keiner großen Vorbereitung:

Eine entsprechende Anzahl Glücksbringer im Fachgeschäft kaufen, dazu ein Körbchen, das ist alles, was Sie benötigen.

Ohne daß es viel Geld kostet.

Wenn Sie sich gegenüber Ihren Kunden durch besondere Ideen hervorheben, so werden Sie von Ihren Kunden gegenüber anderen Personen ebenfalls positiv hervorgehoben.

Denken Sie also auch sonst immer daran, wie Sie sich von anderen Mitbewerbern abheben können, indem Sie Ihre Aktivitäten nicht routinemäßig durchführen, sondern mit persönlichen Akzenten versehen.

Zum Beispiel:

- die handschriftlich geschriebene Weihnachtskarte
- die Grußkarte aus dem Urlaub usw.

Wenn Sie dieses Buch lesen, werden Sie viele Ideen erhalten.

040 Tip 149 aus Nr. 12/88 Tip 152 aus Nr. 1/89	Wie alt ist Ihre Geschäftsstelle?

Alle Menschen feiern ihren Geburtstag. „Runde" Geburtstage werden sogar besonders gefeiert. Auch Ihre Geschäftsstelle wird älter und hat vielleicht demnächst sogar einen „runden" Geburtstag. Feiern Sie auch das Jubiläum Ihrer Geschäftsstelle. Ein Jahr, fünf Jahre, zehn Jahre usw. Machen Sie daraus ein lokales Ereignis und laden Sie Ihre Kunden ein, mit Ihnen zu feiern.
Zwei Aktivitäten sind zu überlegen:

1. *Tag der offenen Tür*

- Entweder erhält jeder Besucher Ihrer Geschäftsstelle an diesem Tag ein Glas Sekt,
- oder Sie gestalten diesen Tag ein bißchen mehr in Richtung Volksfestcharakter. Bier oder Wein, Würstchen oder lokale Spezialitäten für den kulinarischen Teil, Luftballons für die Kinder, Musik, „Luftburg" (für Kinder) sind ebenfalls geeignet, aber schon wieder eine Kostenfrage, was Sie ausgeben wollen und können.

2. *VIP-Kundenabend*

   Ein etwas festlicherer Abend mit Ihren wichtigsten Kunden und den öffentlichen Meinungsbildnern Ihres Einzugsgebietes. „Essen und Trinken" sind dabei auf die Zielgruppe abzustimmen.

Wichtig wäre es, wenn Sie die politische Prominenz (z. B. den Bürgermeister oder den Bezirksvorsteher) für eine kurze Gratulationsrede gewinnen können. Auch Sie selbst müssen sich eine „launige" kurze Rede vorbereiten. Vielleicht gelingt es Ihnen zusätzlich, ein Vorstandsmitglied Ihrer Bank für eine kurze Ansprache zu gewinnen.

Nutzen Sie die Chance, Kunden, Nichtkunden, VIP's Ihres Einzugsgebietes zu bestimmten Anlässen in Ihre Geschäftsstelle zu bringen.

Kennen Sie Ihre ersten Kunden?

Wissen Sie noch, welcher Kunde das erste Girokonto, das erste Sparbuch in Ihrer Geschäftsstelle eröffnet hat? Welcher der erste Firmenkunde Ihrer Geschäftsstelle war?

Wissen Sie, welche Kinder am Eröffnungstag Ihrer Geschäftsstelle geboren wurden?

Alle diese Informationen können Sie auch noch nachträglich erheben.

Bei der Feier eines Jubiläums Ihrer Geschäftsstelle (aber auch im Rahmen anderer Veranstaltungen) können Sie diese Kunden besonders ehren. Mit einem Blumenstrauß (für die Damen), einem Geschenkkorb, Silbermünzen oder -barren, oder Sie wissen auf Grund Ihrer Kundenkenntnis ein besonders geeignetes Geschenk. So etwas muß nicht teuer sein, es handelt sich eher um eine Geste. Ein originelles Geschenk ist besser als ein teures. Die Übergabe erfolgt im Rahmen einer kleinen Ansprache im Beisein der öffentlichen Meinungsbildner sowie eingeladener Kunden.

Ähnliches können Sie für die Kinder tun, die am Eröffnungstag (oder im Eröffnungsmonat, im Eröffnungsjahr, je nach der Anzahl, die Sie auswählen möchten) geboren wurden. Ein Sparbuch oder eine Goldmünze für die Zukunft sowie ein kleines Spielzeug sind mögliche Geschenke. Abhängig natürlich vom Alter Ihrer Geschäftsstelle und damit vom Alter dieser Kinder.

Wobei Sie bei diesem Tip durch vorherige Bestimmung der zu ehrenden Personenanzahl und der Art der Geschenke eine Steuerungsmöglichkeit der Kosten haben.

041 Tip 213 aus Nr. 2/90	Welche Kolleginnen und Kollegen aus der Zentrale wohnen im Einzugsgebiet Ihrer Geschäftsstelle?

Warum Sie das interessieren sollte? Weil diese Personen eine vielfältige Bedeutung für Sie haben können:

- Die Familie, die Verwandten und Bekannten, die Freunde von Kolleginnen und Kollegen könnten Kunden Ihrer Geschäftsstelle sein oder werden.
- Ihre Kolleginnen und Kollegen haben wahrscheinlich eine Fülle von Informationen über andere Personen (Kunden und Nichtkunden), die für Sie von Wichtigkeit und Interesse sein können.
- Ihre Kolleginnen und Kollegen können für Sie als Meinungsbildner und Informationsträger tätig sein.

Dafür brauchen Sie allerdings eine gute Beziehungsebene zu Ihren Kolleginnen und Kollegen aus der Zentrale. Stellen Sie daher fest, wer in Ihrem Einzugsgebiet wohnt und stellen Sie Kontakt her.

- Laden Sie die Personen eventuell zu einem Imbiß in Ihre Geschäftsstelle ein.
- Laden Sie die Familien eventuell zum Weltspartag oder anläßlich einer Kundenveranstaltung in Ihre Geschäftsstelle ein.
- Geben Sie diesem Personenkreis rasch aktuelle Informationen weiter.
- Sichern Sie diesen Personen eine besonders gute Betreuung zu (und halten Sie dieses Versprechen auch).
- Überlegen Sie sich gelegentlich kleine Gesten der Aufmerksamkeit (z. B. Wünsche fürs Neue Jahr, gelegentlich ein kleines Werbegeschenk etc.).

Wahrscheinlich werden diese Maßnahmen nicht gleich zu Beginn „einschlagen“, denn auch Ihre Kolleginnen und Kollegen müssen sich erst daran gewöhnen, plötzlich interessante Partner zu sein. Und es dauert eine Weile, bis eine Vertrauensbasis aufgebaut ist. Versuchen Sie es trotzdem.

Suchen Sie Ihre Chance auch „in der Nähe“. Die Kolleginnen und Kollegen aus der Zentrale sind nahe, sowohl aufgrund des Wohnortes als auch aufgrund der Beschäftigung im gleichen Institut.

042 Kommentar aus Nr. 9/88	Wie sehen Sie Ihre Bank in 10 Jahren?

Geschäftsstellenleiter sollen sich nicht nur mit der Abwicklung des Tagesgeschäftes oder der Planung von Verkaufsaktionen beschäftigen, sondern auch mit der Zukunft im weiteren Sinn. Welche Veränderungen kommen auf die Bank, auf die Geschäftsstelle, auf die Mitarbeiter zu? Sie als Geschäftsstellenleiter müssen sich darauf vorbereiten, müssen diesen Veränderungsprozeß beeinflussen und gestalten, denn die Zukunft wird von Ihnen getragen.

Im Rahmen von Seminaren mit Geschäftsstellenleitern haben diese die folgenden Thesen erstellt, in welcher Richtung solche Veränderungen eintreten können. Ob dies dann tatsächlich so ist, wird letztendlich wirklich erst die Zukunft zeigen. Die Thesen beinhalten aber zumindest doch einige Wahrscheinlichkeiten, wohin sich das Bankgeschäft entwickelt und was Sie als Geschäftsstellenleiter schon heute berücksichtigen sollten.

1. *Filialgestaltung*
   - Die Geschäftsstellen werden mit noch mehr SB-Einheiten ausgestattet sein.
   - Die Differenzierung zwischen Beratung und Bedienung nimmt zu.
   - Die Technik wird die eine Seite der Filialgestaltung beeinflussen, Betreuungsgruppen und Betreuungskonzepte die andere Seite.

2. *Arbeitsplatz*
   - Kein Arbeitsplatz mehr ohne Bildschirm, Terminal.
   - Direkter on-line-Zugriff auf alle kundenrelevanten Informationen.
   - Entscheidungshilfen werden über den Computer gesteuert.

3. *Selbstbedienung und Technik*
   - Die Selbstbedienung wird generell zunehmen.
   - Vor allem das Mengengeschäft wird überwiegend über SB abgewickelt.

- SB-Foyers, SB-Geschäftsstellen werden kommen.
- Direkte Kommunikation zwischen Bank und dem Computer beim Kunden.
- Der Kunde wird sich viele Informationen im Konkurrenzvergleich mit Hilfe der neuen Technologien beschaffen können.
- Bankenfremde Anbieter kommen künftig leicht an unsere Kunden heran.

4. *Vertriebsformen*
   - Der Außendienst wird an Bedeutung gewinnen.
   - Direkt-Marketing in persönlicher, individueller Form an genau definierte Zielgruppen nimmt zu.
   - Telefonische Kundenbetreuung wird zur Standardleistung.

5. *Zielgruppen*
   - Der Jugendmarkt wird sich deutlich verringern.
   - Die Zielgruppen ab 40 bis zu den Senioren werden mehr differenziert werden müssen.
   - Die älteren Zielgruppen werden ein neues, dynamisches Verhalten aufweisen.
   - Singles sowie Doppelverdiener ohne Kinder werden wachsende Zielgruppen.

6. *Produkte (Kundenbedürfnisse)*
   - Trennung in Standardprodukte und Individualprodukte.
   - Hoher Beratungsbedarf bei der Anlage- und Vermögensberatung (eine „Generation von Erben“ kommt auf uns zu) bringt Auswirkungen auf die diesbezügliche Angebotspalette und die erforderliche Beratungskompetenz.
   - Der Markt der Kunden mit „ablaufenden Produkten“ wird größer sein als der Markt für „Neuabschlüsse“.
   - Das Provisionsgeschäft wird zunehmen (zweites Bein zur Zinsspanne).

7. *Beratungsqualität*
   - Die qualifizierte Beratung nimmt zu.
   - Der Universalberater wird ergänzt durch Beratungs-Spezialisten für bestimmte Zielgruppen bzw. bestimmte Bedarfssegmente.
   - EDV-gestützte und -unterstützte Beratung.

8. *Anforderungen an die Mitarbeiter*
   - Qualifiziertere Mitarbeiter als heute werden benötigt.
   - Das Anforderungsprofil der Kundenberater wird sich ändern in Richtung Höherqualifizierung.
   - Es wird eine Umstrukturierung der Mitarbeiter „zum Markt" erfolgen.
   - Die Arbeitszeiten werden sich ändern und kundengerechter werden.
9. *Aus- und Fortbildung*
   - Der Weiterbildungsbedarf wird zunehmen.
   - Die Aus- und Weiterbildung erfolgt vermehrt am Arbeitsplatz (auch wegen und über die technischen Möglichkeiten).
10. *Erfolgsmessung*
   - Überwiegend, ausschließlich über den Ertrag der Geschäftsstelle.
   - Steuerung der Geschäftsstellen erfolgt über Ertragskriterien.
   - Stärkere leistungs- und erfolgsabhängige Bezahlung.
11. *Mitarbeiterführung*
   - Über Ziele, über delegierte Verantwortung für zugeordnete Kundengruppen.
   - Mehr Freiräume für den Weg, straffere Ergebniskontrolle.
   - Detaillierte Management- und Informationssysteme.
12. *Aufgaben des Geschäftsstellenleiters*
   - Flexiblere, kooperative Mitarbeiterführung.
   - Ergebnis-, ertragswirksames Management.
   - Ziele setzen, Maßnahmen steuern, Ergebnisse kontrollieren.

Wir haben die Aussagen der Geschäftsstellenleiter ohne Änderungen übernommen. Vielleicht fehlt dem einen oder anderen von Ihnen ein wichtiger Punkt, vielleicht stimmen Sie auch einer oder mehreren Aussagen nicht ganz zu. Dennoch ermöglichen Ihnen diese Thesen einen Blick in die Zukunft sowie die Chance, sich auf einige kommende Veränderungen vorzubereiten. Lassen Sie solche Thesen zu diesem Thema auch von Ihren Mitarbeitern erarbeiten und vereinbaren Sie daraus resultierende konkrete Maßnahmen, wie Weiterbildung, telefonische Kundenbetreuung usw., die Sie schon heute realisieren können.

Denn eines kann man mit ziemlicher Sicherheit sagen:

> Die Filiale bleibt mindestens bis zum Jahr 2000 der wichtigste Vertriebsweg. Und damit bleibt auch Ihre Aufgabe, die Änderungen der Zukunft mitzutragen.

Aber auch hinsichtlich der Steuerung der Filialen ergeben sich in den nächsten Jahren eine Reihe von geänderten Gegebenheiten:

a) Neue Filialen werden nur nach genauer Standortplanung und Rentabilitätsberechnung eröffnet. Über die Beurteilung von Marktchancen werden Volumina und Erträge hochgerechnet und die zu investierenden Personal- und Sachkosten abgezogen. „Unterm Strich" muß dann nach ca. fünf Jahren eine „schwarze Zahl" langfristig übrigbleiben.

b) Bestehende „unrentable" Filialen werden zunehmend geschlossen, wenn keine Aussicht auf gewinnbringende Führung besteht.

c) Die Filialaktivitäten werden stärker als bisher regionalbezogene Strukturen und Schwerpunkte berücksichtigen. Jede Filiale wird nach einem eigenen spezifischen Marketingplan vorgehen.

d) Die Kundenbetreuung wird konsequent zielgruppendifferenziert erfolgen. In der Kundenberaterorganisation wird sich räumlich und personell eine klare Zuordnung und Verantwortlichkeit ergeben. Je nach Marktpotential, Kundenbedarf sowie Ertragschance für die Bank ergibt sich eine „differenzierte" Betreuung.

e) Die Führung der Filialen wird durch Marktbereichsleiter erfolgen, die für den Erfolg einer Verkaufsregion, in der mehrere Filialen zusammengefaßt sind, verantwortlich sind. Über ihre Funktion als „Verkaufsleiter" werden Kompetenzen und Entscheidungen dezentralisiert und damit näher zum Kunden gebracht.
Strategien und Maßnahmen der Bank können praxisnäher umgesetzt und an regionalspezifische Besonderheiten angepaßt werden. Nicht zuletzt wird durch diese neue hierarchische Ordnung die Bedeutung des Marktbereiches gegenüber zentralen Bereichen aufgewertet.

Sie sehen, eine Vielzahl von Änderungen, Neuerungen kommt auf Sie zu. Sehen Sie dies als Herausforderung, als nötige Anpassung an sich ändernde Rahmenbedingungen. Gestalten Sie die Zukunft Ihrer Bank, aber insbesondere Ihrer Filiale aktiv mit.

043 Kommentar aus Nr. 6/90	Service-Qualität

Wieso ist Service-Qualität überhaupt wichtig? Weil Service-Qualität die wichtigste Differenzierungsmöglichkeit für Sie als Geschäftsstellenleiter ist.

„Die Banknoten, die der Kunde in vier verschiedenen Banken erhält, sind die gleichen; was den Unterschied macht, sind die Kassiere."

(Stanley Marcus)

Werbung, Produkte, Preis werden einander immer ähnlicher. Wenn eine Bank einmal einen diesbezüglichen Vorsprung erreicht, so kann dieser umgehend und rasch wettgemacht werden. Bleibt als Differenzierungsmöglichkeit die „Service-Qualität" durch Sie und Ihre Mitarbeiter.

Service-Qualität setzt sich aus den fünf Komponenten „Äußerlichkeit", „Zuverlässigkeit", „Betreuung", „Bestätigung" und „Einfühlungsvermögen" zusammen (Dr. H. U. Keller, Schweizerische Kreditanstalt, in seinem Vortrag über Service-Qualität beim 5. Fachkongreß für den Vertrieb von Finanzdienstleistungen, November 1989 in Nürnberg).

Einige Beispiele dazu:

1. *Äußerlichkeiten*
   Kleidung der Mitarbeiter, Ordnung am Arbeitsplatz, griffbereite Formulare etc.
2. *Zuverlässigkeit*
   Terminsicherheit, zeitgerechte Information bei Änderungen und wichtigen Neuigkeiten, Bankgeheimnis etc.
3. *Betreuung*
   Früheres Öffnen der Geschäftsstelle, Öffnen einer zusätzlichen Kasse bei Bedarf etc.
4. *Bestätigung, daß der Kunde am richtigen Ort ist*
   Freundlichkeit, Sachkompetenz, Empfehlungen etc.
5. *Einfühlungsvermögen*
   Sprache des Kunden, sich in den Kunden hineindenken, nötige Hilfestellung und Erklärung geben etc.

Die Beurteilung der Service-Qualität erfolgt einzig und allein durch den Kunden. Subjektiv und individuell entscheidet der Kunde, ob die von Ihnen gebotene Service-Qualität mit seinen Erwartungen übereinstimmt.

Versetzen Sie sich einmal in die Rolle Ihrer Kunden und versuchen Sie eine Bestandsaufnahme der Service-Qualität, die in Ihrer Geschäftsstelle geboten wird. Machen Sie eine Mitarbeiterbesprechung zu diesem Thema mit folgenden Realisierungspunkten und möglichst konkreten Beispielen:

1. Welche Service-Qualität erwarten unsere Kunden von uns?
2. Welche Verbesserungen müssen wir umgehend anstreben?
3. Welche drei besonderen Serviceleistungen wollen wir im nächsten Monat herausstellen?

Man kann eine ganze Menge automatisieren und rationalisieren. Nicht jedoch die Service-Qualität. Diese wird durch Sie und Ihre Mitarbeiter bestimmt.

044 Tip 195 aus Nr. 10/89	Wann sind Sie telefonisch am besten erreichbar?

Wenn Bank- oder Sparkassenmitarbeiter ihre Kunden anrufen sollen, dann bestehen oft Bedenken, daß man den Kunden mit dem Anruf stören könnte. Gerade bei einem Kunden mit weniger intensiven Kontakten kommt dann die Angst auf, daß er gar ungehalten reagieren wird. Dies führt dann in aller Konsequenz dazu, daß diese Mitarbeiter nicht nur den Telefonkontakt scheuen, sondern daß das Telefon als Kontakt- und Betreuungsinstrument nur sehr selten eingesetzt wird.

Wie können Sie diese Hemmnisse abbauen? Am besten indem Sie bereits im vorhinein bei einem Beratungs- und Verkaufsgespräch in der Geschäftsstelle erfragen, wann und wo der Kunde am besten erreichbar ist:

- „Frau Schneider, im Bankgeschäft gibt es immer wieder interessante und aktuelle Informationen. Wenn ich eine solche Information habe, von der ich glaube, daß sie auch für Sie von besonderem Interesse sein könnte, darf ich Sie dann anrufen?"

Fast immer wird der Kunde diese gut vorbereitete Frage mit „Ja, gerne" beantworten. Dann fragen Sie sofort weiter:

- „Damit ich Sie nicht störe, Frau Schneider, wo und zu welcher Zeit kann ich Sie telefonisch am besten erreichen?"

Sollte der Kunde den Telefonservice ablehnen, gilt es, diese Information auch den anderen Kollegen zugänglich zu machen. Die aktive Kundenbetreuung hat dann über den Verkaufsbrief und die Ansprache im Kreditinstitut zu erfolgen.

Mit dem regelmäßigen Einsatz der Frage „Wann sind Sie telefonisch am besten für aktuelle Informationen erreichbar?" erfahren Sie:

1. Fast alle Kunden stimmen zu – sie lassen sich gerne anrufen.
2. Sie erhalten den besten Zeitpunkt (Uhrzeiten; Büro; Arbeitsplatz; zu Hause?) und können auch Ihre Telefonzeiten darauf abstimmen.
3. Bei den späteren Anrufen können Sie sich immer wieder auf die Erlaubnis Ihres Kunden berufen.

Selbstverständlich müssen Sie diese Informationen auch auf Kundendateien oder auf einer gesonderten Telefonliste vermerken. Ein Anruf in einigen Monaten nach der Frage an den Kunden ist anschließend Pflicht.

045 Tip 139 aus Nr. 10/88	Adventzeit in der Geschäftsstelle!

Das ganze Jahr über werden Dienstleistungen, Produkte in Ihrer Geschäftsstelle angeboten. Verkaufsfördernde Informationen und Werbung prägen das Bild des Kundenraumes.

Wie wäre es, wenn Sie in der Adventzeit ein bißchen emotionale Stimmung zu vermitteln versuchen? Die Beziehungen, die Partnerschaft, das Besinnliche etwas mehr in den Vordergrund stellen. In einer Zeit, wo es auch vor Weihnachten nur mehr hektisch zugeht, vielleicht ein Gegensatz, der Ihren Kunden wieder positiv auffällt.

Drei Anregungen dazu:

1. Besorgen Sie sich einen etwas größeren Adventkalender und präsentieren Sie diesen gut sichtbar. Jeden Tag wird vom ersten Kind, das Ihre Geschäftsstelle besucht, das entsprechende Fenster geöffnet. Das Kind erhält eine vorbereitete Kleinigkeit als Geschenk oder ein neues Sparbuch mit ein paar Mark.
2. Weihnachtsbäckerei wird am Tresen der Informationszone (des Schnellschalters) in einem mit Tannenzweigen ausgelegten Körbchen aufgestellt, und die Kunden werden eingeladen, sich ein Stück zu nehmen. Das Gebäck kaufen Sie oder es wird von Mitarbeiterinnen selbst gebacken und gebracht.
3. Ein Christbaum wird in Ihrer Geschäftsstelle aufgestellt. Ein paar Christbaumkugeln kaufen Sie, auch jeder Mitarbeiter (vielleicht sogar auch der eine oder andere Kunde) sollte dazu beitragen (am besten etwas Selbstgebasteltes), daß Ihr Christbaum geschmückt wird.

Ein paar Mark müssen Sie investieren, aber auch bei diesem Tip sind eher Kreativität und Eigeninitiative verlangt, so daß Sie die Kosten in Grenzen halten können.

Zeigen Sie Ihren Kunden in der Adventzeit, daß Sie neben dem Verkauf von Dienstleistungen und den Kunden nützlichen Produkten auch an andere Wertigkeiten denken. Ihre Kunden werden Ihnen dies durch mehr Abschlüsse danken.

046 Kommentar aus Nr. 12/89 und Nr. 10/88	Wissen Sie, was Ihre Geschäftsleitung von Ihnen erwartet?

Die meisten von Ihnen wurden Geschäftsstellenleiter, ohne daß man mit Ihnen über die Erwartungen gesprochen hat, die an Sie in Ihrer Funktion als Geschäftsstellenleiter gestellt werden. Damit Sie aber Ihre Aufgabe erfüllen können, müssen Sie eine klare Vorstellung über diese Erwartungen haben.

Wenn man im Rahmen von Seminaren Filialleiter aus verschiedensten Instituten zu diesen Erwartungen befragt, so kommen in etwa folgende Vorstellungen als Antwort:

- Repräsentation
- Organisation der Filiale
- Erfolg im Verkauf der Produkte
- Marktanteil ausbauen
- Öffentlichkeitsarbeit
- Eigeninitiative
- Motivation der Mitarbeiter
- Betreuung der Kunden
- Übernahme von Verantwortung
- Bestandspflege
- Gewinnung neuer Kunden
- Identifikation mit der Bank
- Loyalität
- Marktkenntnis
- zufriedene Kunden
- solider Lebenswandel
- gutes Erscheinungsbild
- usw.

Eine Fülle von Erwartungen, alle richtig und notwendig, sie auch zu erfüllen. Letzten Endes aber nur wichtige Teilziele.

Im Prinzip sollen alle Ihre Aktivitäten einen Beitrag zur Erreichung der unternehmenspolitischen Ziele leisten. Diese sind auf Ihre Geschäftsstelle zu übertragen. Es handelt sich um drei Hauptziele:

1. Qualifiziertes Wachstum

Ist der Markt verteilt? In der Quantität ja, denn fast jeder hat heute eine Bankverbindung.

Wo gibt es dann noch Wachstumschancen?

- Es gibt in Teilsegmenten noch „neue Märkte", denken Sie nur an den Jugendmarkt. Aber auch mit neuen Produkten (Vereinsservice, Aufnahme der Versicherungspalette ins Angebot etc.) kann man in einen für die Bank neuen Markt kommen.
- Über die Qualität! Wenn Kunden bei der Konkurrenz schlecht betreut werden, unzufrieden sind, dann haben Sie gute Chancen. Aber Achtung: das kann natürlich auch umgekehrt der Fall sein, wenn Ihre Kunden bei Ihnen schlecht betreut werden. Diese Gefahr besteht insbesondere bei den sogenannten „durchschnittlichen" Kunden, über die wir wenig wissen und die wir oft auch aus Zeit- und Kapazitätsgründen nicht ausreichend betreuen.
- Auch über den technologischen Fortschritt, über neue Medien wird eine Umverteilung des Marktes erfolgen. Unternehmen ohne Filialnetz haben damit die Möglichkeit, in den Wettbewerb einzugreifen. Kunden können direkt angesprochen werden und Abschlüsse können über Bildschirm von zu Hause erfolgen. Insbesondere über die Kreditkarten kann ein Einbruch in das klassische Bankgeschäft erfolgen. Sorgen Sie also dafür, daß Ihre Kunden die von Ihnen angebotene Kreditkarte haben.

Das heißt, über die Qualität wird der Markt täglich neu verteilt. Seien Sie dabei!

2. Festigung der Marktstellung

Für die Sicherheit Ihrer Bank ist der „Besitz von Märkten" entscheidend, auf denen Ihre Produkte abgesetzt werden können.

Für die Geschäftsstelle bedeutet dies, daß man nach Teilmärkten vorgehen muß. Je nach Marktgegebenheiten eines regionalen Zweigstellenmarktes wird man nach Stärke oder Schwäche bei einer Produktsparte oder einer Zielgruppe unterschiedliche Strategien planen. Die Aktivitäten werden auf „Halten", „Intensivieren" oder „Extensivieren" ausgerichtet sein müssen.

Überprüfen Sie Ihren Markt und setzen Sie entsprechende Ziele und Maßnahmen bei Zielgruppen und Produktsparten, bei denen Sie Schwächen haben. Gleichzeitig achten Sie darauf, daß Sie Ihre Stärken weiter ausbauen.

3. Gewinne erzielen

Aus der Anzahl Ihrer Kundenverbindungen entstehen durch den Verkauf von Produkten jene Erträge, mit denen Ihre Bank wirtschaften kann. In Zukunft wird die Ertragskomponente das entscheidende Kriterium für Ihre Geschäftsstelle sein. Über eine entsprechende Kundenkalkulation bis zur profit-center-Rechnung werden Sie daran gemessen werden, wieviel Ertrag Sie in Ihrer Geschäftsstelle erzielen. Dabei kommt es nicht nur auf das Erzielen von Erträgen aus dem Kundengeschäft an (Zinsspanne, Provisionserträge), sondern auch auf die bewußte Budgetierung von Personal- und Sachkosten.

Dies bedeutet schon heute für Sie:

- Eine bewußtere Konditionenverhandlung in Kundengesprächen (siehe Tip Nr. 051 ff.)
- Eine bessere Relation zwischen Einsatz von Personalressourcen und Verkauf von qualitativen, deckungsbeitragsstarken Produkten
- Eine genauere Kosten-Nutzen-Überlegung bei Ihren Aktivitäten

Das wird von Ihnen erwartet. Alle Ihre Aktivitäten „im täglichen Geschäft" sollen einen Beitrag zu diesen drei Hauptzielen leisten. Welche Ziele und Strategien ergeben sich daraus für Ihre Geschäftsstelle? Schreiben Sie die Ihrer Meinung nach wichtigsten Geschäftsstellenziele nieder!

Beschäftigen wir uns nun noch ein wenig mit der Ertragsorientierung:

Wieviel Ertrag werden Sie dieses Jahr in Ihrer Geschäftsstelle erwirtschaften?

Wenn man Geschäftsstellenleiter über ihre Geschäftsstelle oder über ihre Erfolge befragt, so hört man meist Volumensziffern, X Millionen DM Einlagen oder ähnliches. Volumen und dessen Zuwachs ist auch heute noch in vielen Banken und Sparkassen die Meßgröße.

Über den Ertrag ihrer Geschäftsstelle wissen die wenigsten Leiter Bescheid, ein ertragsbewußtes Vorgehen erfolgt daher oft nur in ungenügendem Ausmaß.

In Zukunft wird aber gerade der Ertrag zum entscheidenden Kriterium für den Erfolg Ihrer Geschäftsstelle. Wobei Sie für den Ertrag natürlich auch ein entsprechendes Wachstum beim Volumen brauchen, denn Ertrag ohne Wachstum hat Grenzen. Sie sollten wie ein selbständiger Unternehmer vorgehen, der vom Gewinn seines Betriebes sich und seine Familie nicht nur ernähren, sondern auch gut leben möchte.

Warum ist dieses Ertragsdenken auch für Sie als Geschäftsstellenleiter so wichtig?

Der Druck auf die Zinsspanne durch immer mehr konditionsbewußte Kunden sowie durch den Wettbewerb ist die eine Begründung. Der zweite Grund: Steigende Sachkosten, vor allem aber dynamisch steigende Personalkosten können nicht durch alleinige Volumenszuwächse aufgefangen werden.

Welche Konsequenzen ergeben sich für Sie?

Mit Recht werden viele von Ihnen sagen, wir bekommen ja keine diesbezüglichen Informationen, wie können wir uns also dann danach orientieren? Es ist nur mehr eine Frage der Zeit, bis in jeder Bank und Sparkasse die entsprechenden Informationssysteme vorhanden sind. Aber auch vorher können Sie schon ertragsbewußt agieren und damit den Ertrag Ihrer Geschäftsstelle verbessern.

1. Sachkosten
Bei jeder größeren Aktivität sollten Sie Kosten und Nutzen gegenüberstellen. Aktionskosten von X DM stehen wahrscheinliche Abschlüsse mit einer Zinsspanne von … gegenüber. Gehen Sie überlegt und sparsam vor. Bestellen Sie zum Beispiel nicht eine überhöhte Anzahl von Prospekten, von denen Sie dann eine Menge nach Ende der Aktion wieder wegwerfen, sondern überlegen Sie, wieviele Prospekte Sie in welcher Form einsetzen können. Lieber einmal nachbestellen als zuviel wegwerfen.

2. Personalkosten
Fordern Sie nicht unüberlegt mehr Personal für Ihre Geschäftsstelle. Es wird immer so sein, daß Sie zu manchen Zeiten zuwenig Personal, zu manchen Zeiten aber auch zuviel Personal haben. Eine optimale Ausgewogenheit ist erforderlich, Spitzen können wir nicht durch die Personalmenge in den Griff bekommen, weil wir uns das gar nicht leisten kön-

nen. Denken Sie immer daran, daß ein zusätzlicher Mitarbeiter x-tausend DM kostet und daß Sie dafür ein bestimmtes Volumen mit einer Zinsspanne von ... brauchen oder x-tausend DM zusätzliche Provisionserträge, damit sich dieser zusätzliche Mitarbeiter „bezahlt macht".

3. Kundenkalkulation
Mit Einführung der Kundenkalkulation wird sich die Beurteilung Ihrer „guten Kunden" ändern, weil gute Kunden am Ertrag gemessen werden, den sie Ihrer Geschäftsstelle bringen. Dabei geht es nicht um eine einseitige und kurzfristige Betrachtung. Manchmal werden wir zu Beginn einer Geschäftsbeziehung vielleicht sogar einen Ertragsverlust in Kauf nehmen, aber wir werden die langfristige profitable Kundenverbindung im Auge behalten. Nicht nur der Kunde, auch die Bank muß letztendlich etwas verdienen. Wenn z. B. ein Kunde nur den Zahlungsverkehr über uns abwickelt, seine Kredite und Einlagen aber bei einer anderen Bank hat, so können wir das Geschäft halt nur unter kostendeckenden Bedingungen im Zahlungsverkehr machen, d. h. mit entsprechenden Gebühren.

4. Profit-center-Rechnung
Die künftige Meßlatte für Sie. Was „unterm Strich" herauskommt, ist entscheidend. Und das sollten „schwarze Zahlen" sein, also Erträge. Darüber hinaus werden Sie mit anderen Geschäftsstellen verglichen werden, wieviel Ertrag Sie pro Mitarbeiter Ihrer Geschäftsstelle erwirtschaften. Zum Teil wird dies auch die Personalmenge Ihrer Geschäftsstelle beeinflussen. Aktivitäten für Ihre Geschäftsstelle werden neben Marktanteilen und Volumina auch durch Ertragsüberlegungen ausgelöst.

Bereiten Sie sich schon heute auf Ihre Unternehmerrolle vor, indem Sie im Rahmen Ihrer Möglichkeiten kostenbewußt, konditionsbewußt und personalbewußt agieren.

047 Tip 208 aus Nr. 1/90 Tip 206 aus Nr. 12/89	Vor Ihrer Geschäftsstelle!

Haben Sie vor Ihrer Geschäftsstelle „einen Eislaufplatz"?

Wir meinen einen Fußgängerweg, einen Gehsteig, einen freien Platz, der im Winter bei Eis und Schnee für viele Kunden vielleicht tatsächlich zum Eislaufplatz wird.

Und manche ältere Kunden sogar davon abhält, in Ihre Geschäftsstelle zu kommen, weil sie Angst vor Stürzen und Verletzungen haben.

Sorgen Sie dafür, daß die Verkehrswege vor und die Zugänge zu Ihrer Geschäftsstelle im Winter stets geräumt bzw. bei starkem Wintereinbruch zumindest gestreut sind.

Wenn der Zugang zu Ihrer Geschäftsstelle *schwer* ist, so suchen sich manche Kunden *leicht* eine andere Bank.

Haben Sie Kundenparkplätze?

Viele Geschäftsstellen haben dieses Glück nicht. Wenn man bei Ihrer Geschäftsstelle also parken kann, so stellt dies für viele Kunden eine besondere Erleichterung und Bequemlichkeit dar.

Sind diese Parkplätze auch tatsächlich frei?

Wenn andere Personen Ihre Kundenparkplätze zum „Dauerparken" benützen, so müssen Sie einschreiten.

Oder parken vielleicht sogar Sie und Ihre Mitarbeiter auf diesen Plätzen?

Wir meinen, daß Kundenparkplätze für Kunden freigehalten werden müssen. Auch wenn es für Sie persönlich möglicherweise etwas weniger bequem ist. Dies hat auch etwas mit der Vorbildwirkung des Geschäftsstellenleiters zu tun.

Für viele Kunden ist die Erreichbarkeit einer Geschäftsstelle mit dem Auto ein wichtiges Kriterium. Wenn Sie also in der glücklichen Lage sind, daß man bei Ihrer Geschäftsstelle parken kann, so achten Sie darauf, daß dies auch wirklich möglich ist.

048 Tip 224 aus Nr. 5/90	Wer informiert die Kolleginnen und Kollegen aus der Zentrale?

Dieser Personenkreis arbeitet auch in einem Geldinstitut und hat oft trotzdem keine Ahnung von Geldgeschäften.

- Weil Ihre Kolleginnen und Kollegen von niemandem Informationen erhalten!
- Weil diese Personen nicht auch als „Kunden“ gesehen werden!
- Weil bei der Einführung neuer Produkte, bei „günstigen Angeboten“ niemand an diese Zielgruppe denkt!

Wenn man sich um diese Personen nicht bemüht, ihnen keine Informationen gibt, sie nicht wie Kunden betreut, dann darf man auch nicht überrascht sein, wenn zum Beispiel die Produktnutzung gering ist.

In einigen Instituten haben Geschäftsstellen dieses Manko erkannt, und über vorhandene Kontakte zwischen Mitarbeitern wurden weitere Kontakte zu einzelnen zentralen Abteilungen hergestellt, zum Beispiel

- Besuch der zentralen Abteilung zu einem Informationsnachmittag
- Gezielte Informationen bei bestimmten Angeboten
- Angebot, daß ein Geschäftsstellenmitarbeiter bei Interesse die Abschlüsse direkt in der zentralen Abteilung vornimmt etc.

Besprechen Sie mit Ihren Mitarbeitern, wer entsprechende Kontakte hat. Überlegen Sie, welchen Vorteil, welchen Nutzen Sie Ihren Kolleginnen und Kollegen in der Zentrale bieten können.

Wenn Sie Ihre Kolleginnen und Kollegen in der Zentrale als VIP-Kunden sehen und auch dementsprechend betreuen, dann werden diese Kunden auch bei Ihnen abschließen.

049 Tip 265 aus Nr. 12/90	**Wenn man jemanden warten lassen muß, dann muß man ihn mit irgendetwas beschäftigen!**

Obwohl Sie sich bemühen, Ihre Kunden rasch zu bedienen, kommt es zwangsläufig doch gelegentlich zu Wartesituationen. Bei Kassen und Schnellschaltern kann man möglicherweise improvisieren. Schwieriger ist es, wenn Kundenberater gerade besetzt sind. Hier kann die Wartezeit manchmal auch etwas länger dauern.

Für das momentane Kundengespräch ist es störend, wenn die Wartenden sozusagen „über die Schulter blicken".

Für die wartenden Kunden ist es ebenso unangenehm, wenn sie nicht wissen, wohin sie gehen sollen.

Wenn Sie Platz in Ihrer Geschäftsstelle haben (zumindest eine Ecke, in die man zwei bis drei Stühle stellen kann), dann richten Sie eine kleine Wartezone ein. In dieser Wartezone sollten sowohl Bankinformationen aufliegen als auch aktuelle Tageszeitungen oder Fachmagazine.

Besorgen Sie eventuell zwei, drei Zeitungshalter, damit wird die „unbeabsichtigte Mitnahme" erschwert. Nicht vergessen: Tageszeitungen müssen täglich erneuert werden.

Mit einer Warte- und Leseecke verkürzen Sie zwar die Wartezeit, vergessen Sie jedoch nicht zwei Grundregeln, wenn Sie einen Kunden nicht sofort bedienen können:

1. Wenn der Kunde in die Geschäftsstelle kommt, will er so rasch wie möglich erkennen, daß man von ihm Notiz genommen hat.
   „Herr X, wenn Sie noch drei Minuten Geduld haben, ich bin dann sofort bei Ihnen."
   „Herr X, wenn Sie bitte einige Minuten Platz nehmen wollen …"
2. Eine Wartezeit sollte danach auch entschuldigt bzw. begründet werden.
   „Herr X, es tut mir leid, daß Sie einige Minuten warten mußten."

Wartezeiten empfinden Kunden fast immer als unangenehm. Überlegen Sie, wie Sie Wartezeiten „verkürzen" (durch „Beschäftigung" des Kunden) bzw. sogar verhindern können (durch Terminvereinbarungen?!).

050 Tip 128 aus Nr. 8/88	Kontaktpflege: Die Geschäftsstelle ist voll!

Ein besonders interessanter Top-Kunde betritt Ihre Geschäftsstelle an einem extremen Arbeitstag: Nur ein Teil der Mitarbeiter ist im Einsatz, Krankheit sowie Seminarbesuch reduzieren die Mannschaft, Ersatz wurde von der Hauptstelle nicht gestellt. Zusätzlich ist der Kundenandrang noch gewaltig.

Der wichtige Kunde betritt die Geschäftsräume und erblickt lange Schlangen, sowohl in der Beratungs- wie in der Informations- und Kassenzone; kein Mitarbeiter ist frei. Sie beobachten noch, daß der Kunde kurz stockt, sein Gesicht ärgerlich verzieht und dann verunsichert Ihre Geschäftsstelle verläßt.

Was unternehmen Sie jetzt für diesen ‚verschnupften' Kunden?

Unser Tip: Notieren Sie sich schnell den Namen des Kunden, suchen Sie bald die Telefonnummer heraus und rufen Sie diesen Kunden – am Abend oder am nächsten Tag – an. Schildern Sie dabei Ihre persönlichen Beobachtungen und bieten Sie Unterstützung an.

Zum Beispiel: „Herr Kaiser, ich habe Sie gestern nachmittag gesehen, als Sie unsere Geschäftsstelle schnell wieder verlassen haben. Leider war die Geschäftsstelle gestern durch Engpässe etwas überlastet. – Was kann ich heute für Sie tun?"

Sicher ist der zuvor verärgerte Kunde über diesen Anruf sehr überrascht und erfreut. Binden Sie das ganze Geschäftsstellenteam in diese Form der Kontaktpflege ein. Wenn jeder Mitarbeiter sich an einem ‚vollen Tag' nur drei Kunden merkt und später anruft, wird aus der Kontaktpflege eine Imagepflege der Geschäftsstelle. Sie gleichen durch die Aktivität die Minderleistung aus; Ihre Kunden fühlen sich gut betreut und bleiben Ihnen erhalten.

Kapitel 4: ARGUMENTATION

051 Tip 214 aus Nr. 2/90	**Den Preis verkaufen: Die Einstellung zu Preis und Konditionen**

Für die meisten Bank- und Sparkassendienstleistungen hat der Kunde einen Preis – zum Beispiel Zinsen, Gebühren, Provisionen, Courtagen oder ähnliches – zu zahlen. Damit wird das Preisthema zu einem festen Bestandteil der meisten Beratungs- und Verkaufsgespräche. Allerdings zu keinem angenehmen Bestandteil, sondern eher zu einem Teil, der oft von Gegnerschaft, von direkter Konfrontation geprägt ist.

Seien Sie sich immer bewußt,

- daß der Preis ein selbstverständlicher Aspekt einer Bank- oder Sparkassendienstleistung ist,
- daß, was den Kunden nichts kostet, auch diesem Kunden nichts wert ist,
- daß auch Dienstleistungen von Kreditinstituten ohne einen Preis weniger wertvoll und attraktiv für Kunden sind,
- daß auch der Kunde weiß, daß die meisten Dienstleistungen einen Preis haben,
- daß sprachliche und nicht-sprachliche Schwächezeichen rund um den Preis Ihren Kunden preissensibler machen
  und
- daß bei den meisten Bank- oder Sparkassendienstleistungen die Preise anderer Kreditinstitute ganz in der Nähe der Preise Ihres Kreditinstitutes liegen.

Es gibt somit keinen Grund für Mitarbeiter von Kreditinstituten, Kunden Preisunsicherheit oder gar Preisangst zu signalisieren. Natürlich können Sie den Preis, die Geldausgabe des Kunden, nicht durch die Demonstration einer Ware ausgleichen. Gerade deshalb ist der sichere und nutzenorientierte Umgang mit Preisangaben besonders wichtig.

Sprechen Sie das Thema ‚Preis/Gebühren/Konditionen‘ so selbstverständlich und selbstbewußt wie jedes andere Thema in Ihren Gesprächen an. Beachten Sie besonders: Persönliche Stärken wie Initiative, Service, Engagement, Höflichkeit, Freundlichkeit und Kreativität sowie Stärken Ihres Institutes wie Zuverlässigkeit, Angebotsbreite, Nähe zum

Kunden durch Geschäftsstellen, Serviceeinrichtungen, Beratungsqualität und individuelle Angebote drängen das Preisthema sehr schnell in den Hintergrund. – Mit einer positiven Einstellung zu Preisgesprächen werden Sie schnell preissicherer. Auf den nächsten Seiten finden Sie konkrete Tips zur Preisstrategie und Preisargumentation.

052 Tip 219 aus Nr. 3/90	Den Preis verkaufen: Grundsätze im Preisgespräch

Wenn es um Preise von Bankdienstleistungen geht, haben sich eine Reihe von Grundsätzen bewährt, um die Zinsen, Gebühren, Provisionen oder Courtagen erfolgreich dem Kunden zu „verkaufen“:

1. Sprechen Sie den Preis der Leistung erst bei Preis- und/oder Produktinteresse Ihrer Kunden an
   – Der Preis wirkt dann wie ein selbstverständlicher Bestandteil Ihres Beratungs- und Verkaufsgespräches
2. Verbinden Sie die Preisangabe immer mit Kundenvorteilen
   – Der Preis wird dann nicht nur als Ausgabe, sondern auch mit persönlichem Nutzen und Vorteilen wahrgenommen
3. Nennen Sie erst Vorteile, dann den Preis und anschließend noch weitere Vorteile für Ihre Kunden
   – Die Preisangabe wird dadurch zu einer Information unter vielen; die weiteren Vorteile wirken intensiv nach; die Kunden bringen weniger Preiseinwände
4. Ersetzen Sie negative Begriffe wie „Kosten“, „kostet“ und „billig“ durch „Sie erhalten ...“, „Sie bekommen ...“ oder „günstig“
   – Der Preis wird nicht zum Nachteil; er wird mit positiven Reizen für den Kunden verbunden
5. Sprechen Sie den Preis ohne Ankündigung oder Entschuldigung an
   – Der Preis wird zur üblichen Angabe; er ist keine Hervorhebung wert
6. Vergrößern Sie Erträge und schmälern Sie Ausgaben Ihrer Kunden
   – Der Preis als guter Ertrag erhöht den Kaufreiz; die Ausgaben bleiben in Relation zu den Vorteilen klein
7. Fassen Sie den Preis in üblichen Zahlenangaben
   – Der Preis wird nicht zur Überraschung oder einem Stolperstein
8. Notieren Sie Zinsangebote für Ihre Kunden schriftlich
   – Der Preis wird weniger diskutabel; die Verhandlungsbreite für die Kunden wird eingeengt

9. Beachten Sie die Preisgrenzen Ihrer Kunden und überschreiten Sie deren Vorstellungen nur nach Zustimmung
   - Der Preis ist dem Kunden vertraut; die Preisangabe entspricht weitgehend den Kundenerwartungen
10. Bereiten Sie sich auf Preiseinwände sorgfältig vor
    - Der Preis und das Preisgespräch bereiten keine Ängste; Sie wirken selbstbewußt und sicher

053 Tip 220 aus Nr. 4/90	Den Preis verkaufen: Beispiele zu den Preisgrundsätzen

Mit dem Tip 052 haben Sie die zehn Grundsätze im Preisgespräch kennengelernt. Hier finden Sie jetzt einige vertiefende Beispiele für Ihre Argumentationspraxis rund um den Preis von Bank- und Sparkassendienstleistungen:

- Negative Begriffe heben den Preis unangenehm hervor. Ersetzen Sie deshalb solche Begriffe:

  Statt: „Das Darlehen *kostet* Sie 9,25 % Zinsen und *zusätzlich* 1 % Bearbeitungsgebühr."

  Besser: „*Sie erhalten* das Darlehen zu 9,25 % Zinsen und *einmalig* 1 % Bearbeitungsgebühr."

  Statt: „Die Kontoführung ist bei uns *sehr billig*."

  Besser: „Ihr Konto führen wir für Sie sehr günstig."

- Verbinden Sie die Preisangabe möglichst mit Vorteilen und Nutzen für den Kunden. Hier ein Beispiel für die Depotgebühr:

  Statt: „Die Depotgebühr beträgt 0,125 % vom Kurswert."

  Besser: „Sie erhalten einen Komplettservice rund um Ihre Wertpapiere: Umfangreiche Beratungen und aktive Betreuung. Ihre Wertpapiere werden für jährlich nur 0,125 % des Kurswertes von uns verwahrt. Damit sind alle Informationen über Bezugsrechte oder Abrechnungen wie Zins- und Dividendenausschüttungen, Einladungen zu Hauptversammlungen sowie eine jährliche Kursbewertung für Sie enthalten."

  Und noch eine Gegenüberstellung:

  Statt: „Die Vorfälligkeitsgebühr beträgt 1,5 % der Darlehenssumme."

  Besser: „Sie können jederzeit aus der vereinbarten Finanzierung gegen eine einmalige Gebühr von 1,5 % der Darlehenssumme aussteigen; damit können Sie sich günstigere aktuelle Zinsen für viele Jahre sichern."

- Vergrößern Sie die Erträge Ihrer Kunden und schmälern Sie – natürlich nur sprachlich – deren Ausgaben. Bei einem Betrag von 100.000,– DM ergeben sich bei 8 % Anlagen- oder Kreditzins bei fünfjähriger Laufzeit:

  Ertrag: „Sie erhalten dadurch einen jährlichen Zinsertrag von 8.000,– DM. Das summiert sich zu über 40.000,– mit dem Zinseszinseffekt."

  Kosten: „Sie erhalten Ihr Darlehen zu 8 % Zinsen. Das bedeutet für Sie, daß Ihr monatlicher Finanzierungsbetrag nur rund 667 DM für 100.000,– DM beträgt. Außerdem sind Ihnen die Zinsen für fünf Jahre garantiert."

Besonders Überziehungszinsen lassen sich durch diese Vorgehensweise optisch günstig verkaufen: „Sie bekommen auf Ihrem Konto 1.000,– DM pro Tag für weniger als 40 Pfennig!" (bei einem Zinssatz von 14 %).

054 Kommentar aus Nr. 7/89	Gesagt heißt noch nicht ...

GESAGT heißt noch nicht GEHÖRT
GEHÖRT heißt noch nicht ZUGEHÖRT
ZUGEHÖRT heißt noch nicht VERSTANDEN
VERSTANDEN heißt noch nicht EINVERSTANDEN
EINVERSTANDEN heißt noch nicht ANGEWENDET
ANGEWENDET heißt noch nicht BEIBEHALTEN

Diese Wortkette (Quelle unbekannt) erinnert uns daran, wieviele gute Ideen und Aktivitäten eigentlich immer wieder irgendwo im Sande verlaufen.

Wie oft geschieht es, daß Sie als Geschäftsstellenleiter etwas sagen, was zu tun sei, und es passiert nichts. Auf die Vorstellung von Verkaufsaktionen, von neuen Produkten, auf die Beachtung bestimmter Verhaltensweisen im Verkauf, auf die Durchführung konkreter Aktivitäten usw. folgen keine Reaktionen. Oft gibt es gar keine Ablehnung, manchmal erhalten Sie sogar Zustimmung, aber die Realisierung bleibt aus.

Sie sagen Ihrem Kassierer, er möge jedem Kunden einen Prospekt über ... mitgeben. Er tut es aber nicht.

Sie erzielen mit Ihrem Mitarbeiter Übereinstimmung, täglich einen Kunden anzurufen. Er tut es aber nicht.

Sie haben mit Ihren Mitarbeitern mit dem aktiven Ansprechen Erfolg und Sie denken, Ihre Mitarbeiter werden es weiter tun.

Sie tun es aber nicht.

Was können Sie tun?

GESAGT heißt noch nicht GEHÖRT
Wenn Sie etwas nur verbal präsentieren, bleibt oft wenig in Erinnerung. Unterstützen Sie Ihre Präsentation daher durch optische Mittel, wie Flipchart, Folien, Plakate, Prospekte usw. Je mehr Sie zum Gesagten auch „zeigen", um so mehr wird gehört.

GEHÖRT heißt noch nicht ZUGEHÖRT

Gefährlich wird es, wenn Ihre Mitarbeiter keine Fragen haben. Beziehen Sie Ihre Mitarbeiter durch gezielte Fragen in die Themenstellung ein. Machen Sie Ihre Argumentation spannend, unerwartet, Neugierde weckend, dann wird Ihnen (wie bei einem guten Vortrag) auch zugehört.

ZUGEHÖRT heißt noch nicht VERSTANDEN

Informieren Sie Ihre Mitarbeiter über die Gründe von Aktivitäten; informieren Sie sie über geschäftspolitische Kriterien. Bringen Sie dies in der Sprache Ihrer Mitarbeiter und mit praktischen Beispielen.

VERSTANDEN heißt noch nicht EINVERSTANDEN

Scheu, Angst, persönliche Motive können Ablehnung hervorrufen. Versuchen Sie durch Mitarbeitergespräche solche Widerstände zu erkennen und zu mildern. Erklären Sie Ihren Mitarbeitern, welchen Nutzen sie davon haben.

EINVERSTANDEN heißt noch nicht ANGEWENDET

Durch Schulung, durch „training on the job", durch gemeinsames Erarbeiten der Verkaufsargumentation verbessern Sie das Wissen und Können Ihrer Mitarbeiter und erleichtern damit die Anwendung. Helfen Sie ihren Mitarbeitern beim „Wie mache ich es?".

ANGEWENDET heißt noch nicht BEIBEHALTEN

Nur wenn Sie konsequent die Umsetzung kontrollieren, wird eine ständige Aktivität daraus. Erst wenn Sie z. B. Ihren Mitarbeiter „jeden Tag" fragen, welchen Kunden mit welchem Ergebnis er heute angerufen hat, wird der Mitarbeiter dies auch täglich tun.

Sie sehen, welch langer Weg vom *GESAGT* zum *BEIBEHALTEN* zurückzulegen ist. Irgendwo in dieser Kette befinden Sie sich mit Ihren Mitarbeitern. Unterschiedlich nach Mitarbeiter, nach Produkten, nach Situation etc. Sie als Geschäftsstellenleiter haben es aber in der Hand, daß Sie Schritt für Schritt bis zum *BEIBEHALTEN* kommen. In jeder Stufe müssen Sie entsprechende Maßnahmen ergreifen. Tun Sie es nicht, werden Ihre Mitarbeiter irgendwo auf dieser Strecke zurückbleiben. Dieses Risiko sollten Sie nicht eingehen, denn es verringert Ihren Erfolg.

Aber auch auf die Argumentation im Kundengespräch kann man diese Wortkette anwenden.

Wie oft passiert es, daß Ihre Mitarbeiter oder Sie einem Kunden etwas aus Ihrer Sicht für ihn Vorteilhaftes anbieten, und der Kunde zeigt sich nicht interessiert.

Neue Produkte, Serviceideen, Vorschläge aus Analysen der Geschäftsverbindung etc. werden von Kunden nicht angenommen. Auch im Kundengespräch gibt es nicht immer gleich eine Ablehnung, sondern eher ein Ausweichen, das Bringen von Vorwänden.

Manchmal kommt es sogar zum Abschluß, aber die Verwendung erfolgt nicht, denken Sie nur an den Verkauf von „Karten" (Bankomatkarte, Kreditkarte etc.).

Irgendwo in der Wortkette von GESAGT bis zum BEIBEHALTEN sind Sie mit Ihrer Argumentation hängen geblieben.

Wie können Sie nun jeweils eine Stufe weiterkommen?

GESAGT heißt noch nicht GEHÖRT
Die Lösung für Sie liegt darin, daß Sie immer wieder Gespräche mit Ihren Kunden suchen und führen. Wer viele Gespräche führt, wird irgendwann zum Ziel kommen. Manchmal erwischen Sie nicht den richtigen Zeitpunkt der Ansprache, der Kunde ist abgelenkt, aus verschiedensten Gründen nicht aufnahmebereit usw. Deshalb keine Scheu, Ihre Kunden immer wieder anzusprechen. Nicht direkt immer mit demselben Produktangebot, sondern ganz allgemein, und im Gespräch aufpassen, welche Informationen Ihnen der Kunde gibt, aus denen Sie ein passendes Angebot ableiten können.

GEHÖRT heißt noch nicht ZUGEHÖRT
Oft werden Ihre Informationen, Ihre Angebote nicht aufgenommen, weil sie der Kunde nicht seinem Bedarf bzw. einer möglichen Problemlösung zuordnet. Er hört zwar Ihre Argumente, aber er meint, daß diese für ihn nicht zuträfen, zumindest nicht zum jetzigen Zeitpunkt des Gespräches. Nicht selten kann dieses Angebot aber zu einem späteren Zeitpunkt in einem anderen Zusammenhang plötzlich „aktuell", also zutreffend werden. Wiederholen Sie also Angebote mit einer anderen Argumentation.

ZUGEHÖRT heißt noch nicht VERSTANDEN
Gelegentlich sind wir in unserer Argumentation zu fachspezifisch und damit für den Kunden zu theoretisch. Damit der Kunde Ihre Argumentation versteht, sollten Sie praktische Beispiele bringen, die nachvollzogen werden können, weil sie in die Sprach- bzw. Erlebniswelt des Kunden passen.

VERSTANDEN heißt noch nicht EINVERSTANDEN
Erst wenn der Kunde einen persönlichen Nutzen erkennen kann, wird er ein Angebot nützen, erst dann ist er einverstanden. Bringen Sie also in Ihrer Argumentation immer wieder auf die persönliche Situation des Kunden bezogene Beispiele. Konkrete Zahlen für die gewünschte Geldanlage oder Finanzierung. Rechnen Sie solche Beispiele auf Beratungsblättern, auf Prospekten und übergeben Sie diese Ihren Kunden. Erst dann können Sie begreiflich machen, daß sich Ihr Kunde Ihr Angebot auch wirklich leisten kann.

EINVERSTANDEN heißt noch nicht ANGEWENDET
Oft wird eine Dienstleistung, ein Angebot in Anspruch genommen, es kam also zum Abschluß. Der Kunde besitzt nun zwar unser Produkt, er verwendet es aber nicht. Denken Sie dabei insbesondere an den Verkauf von Karten (EC-Karte, Bankomatfunktion, Kreditkarte usw.).

Nicht ausreichende Information über die Verwendungsmöglichkeit, also eigentlich über den Nutzen für den Kunden, oder Scheu vor der erstmaligen Anwendung (wie mache ich das?, wie funktioniert das?, usw.) können die Gründe dafür sein. Seien Sie also nicht zufrieden mit dem Abschluß, sondern erklären und zeigen Sie Ihren Kunden, wie sie mit Ihrem Angebot umgehen, wie sie es nützen können.

ANGEWENDET heißt noch nicht BEIBEHALTEN
Eine genützte Leistung kann aus verschiedenen Gründen wieder reduziert bis eingestellt werden. Schlechte Erfahrungen, Änderungen des Bedarfs, Angebote der Konkurrenz können dazu führen.

Nur wenn Sie konsequent die Nutzung der Geschäftsverbindung, die Verwendung der Produkte kontrollieren, können Sie erkennen, ob Ihr Kunde Ihre Angebote bleibend nützt. Fragen Sie Ihre Kunden danach bzw. kontrollieren Sie Umsatzzahlen, Nutzungsstatistiken usw.

Nur so können Sie Änderungen, Probleme erkennen und vielleicht noch korrigieren.

Im Verkauf genügt es also meist nicht, ein Angebot einmal „zu sagen", sondern es sind bis zur bleibenden Nutzung, dem „Beibehalten", viele Kriterien zu berücksichtigen.

Wenn Sie für jede Stufe dieser Wortkette vom *GESAGT* bis zum *BEIBEHALTEN* entsprechende Argumente und Maßnahmen vorbereiten, so werden sich auch Ihre Erfolge erhöhen.

055 Tip 227 aus Nr. 5/90	Den Preis verkaufen: Reaktion auf Preiseinwände

Trotz sorgfältiger Vorbereitung der Preis- und Konditionenangaben hören Sie von Kunden immer wieder die klassischen Einwände:

„Der Anlagezins ist zu niedrig!“
„Der Finanzierungszinssatz ist zu hoch!“
„Der Ertrag ist mir zu wenig!“
„Die Gebühren sind mir zu viel!“

Reagieren Sie nicht vorschnell auf diese Einwände. Am besten bedanken Sie sich freundlich für diese offenen Aussagen und zeigen Verständnis für den Kunden. Mit der steuernden offenen Frage

„Womit vergleichen Sie?“

erhalten Sie wertvolle Informationen für Ihre Preisargumentation. Ihr Kunde kann

1. mit einem anderen Kreditinstitut,
2. mit einem anderen Angebot/anderer Leistung,
3. mit anderen Beträgen/Volumina,
4. mit vergangenen/früheren Zeiten,
5. mit Finanzierungs- oder Anlagezinsen,
6. mit der aktuellen Inflationsrate,
7. mit seinen persönlichen Vorstellungen,
8. mit Informationen aus Medien (Presse, TV, Radio) oder
9. mit Personen (Freunde, Geschäftspartner, Kollegen usw.)

vergleichen. Nach diesen Zusatzinformationen eignen sich erneut gezielte Fragen für die weitere Preiseinwandbehandlung. Hier Formulierungsvorschläge für die neun Antwortrichtungen:

1. „Unter welchen Bedingungen gilt das andere Angebot?“, „Welche Einzelheiten wurden Ihnen genannt?“
2. „Was ist Ihnen wichtiger: die kürzere Laufzeit oder der höhere Zinssatz von 8 %?“
3. „Was wurde Ihnen für einen niedrigeren/höheren Betrag geboten?“
4. „Von wann ist dieses Angebot?“ „... Heute ist ... sehr günstig.“

5. „Sind Sie bereit zu ... (längere Laufzeit, andere Besicherung)? ... Dann kann ich Ihnen auch ... bieten."
6. „Sie wünschen eine sichere Nettorendite? ... Dann empfehle ..."
7. „Wie sind Sie zu diesen Vorstellungen gekommen?", „Woran haben Sie sich bei Ihren Vorstellungen orientiert?"
8. „Wo haben Sie das gelesen?", „Wann?", „War das auch genau Ihre persönliche Situation?", „Welche Details wurden erwähnt?"
9. „Was hat Ihnen Ihr Freund zu ... (Kündigung, Gebühren, Nebenkosten, Risiken, Kaufkurs, Kauf-/Verkaufspesen usw.) erzählt?"

Durch die gezielten Fragen erhalten Sie eine bessere Argumentationsbasis und verfügen über wirkungsvolle Preisargumente.

056 Tip 242 aus Nr. 8/90	Den Preis verkaufen: Ideen gegen den Preispoker

Der Preis wird immer dann von Kunden gerne diskutiert, wenn es sich um sehr verbreitete Bank- und Sparkassenleistungen handelt. Verkaufen Sie Ideen für Ihre Kunden, dann werden Sie seltener in Preisgespräche verwickelt:

Splitting: Es geht um einen stattlichen Anlagebetrag. Der Kunde wünscht eine höhere Verzinsung: „Dann unterbreite ich Ihnen einen besonders interessanten Vorschlag. Für die Hälfte des Betrages bleiben wir bei dem Sparbrief und mit der anderen Hälfte kaufen Sie die internationale XY-Anleihe. Somit erzielen Sie einen Durchschnittszins von über 9 %".

90:10-Vorschlag: Sie empfehlen Ihrem Kunden ebenfalls ein Anlagesplitting – mit einem Clou. 90 % des Anlagebetrages werden sicher angelegt, die restlichen 10 % hochspekulativ. Geht die Spekulation auf, ergibt sich eine außerordentlich hohe Durchschnittsverzinsung; geht sie daneben, bleibt das Kapital erhalten.

Steuersparen: Vorschläge zum Steuersparen (z. B. Berlindarlehen, kombiniert mit Lebensversicherungen und Finanzierung) verdrängen den Preis; im Mittelpunkt steht der meßbare Erfolg der Steuersparkombination.

Aktive Ansprache: Unabhängig von der vorgeschlagenen Leistung ergibt sich die gleiche Wirkung: Die aktive Ansprache wertet den Kunden auf; Fragen nach Zinsen, Gebühren und anderen Preisbestandteilen werden somit reduziert.

Erfolge: Sprechen Sie wiederholt – gemeinsame – Erfolge an: Der hohe Gewinn einer Wertpapieranlage, die günstige Entwicklung eines Fonds, Kursgewinne durch Währungsschwankungen, Einsparungen durch Daueraufträge, garantierte Leistungsrate durch Festzinshypothek usw. Erfolge verdrängen das Preis- und Konditionenthema.

Preis aufbessern: Nehmen Sie Preisaufbesserungen nur gegen eine Gegenleistung des Kunden vor. Einige Beispiele:

- „Für DM 14.000 erhalten Sie 6 % Zinsen. Ab DM 20.000 biete ich Ihnen 6,5 %“ (höherer Betrag)
- „Wenn Sie die Anlagedauer auf ... erhöhen, erzielen Sie 8,5 %“ (längere Laufzeit)
- „Wenn Sie eine Lebensversicherung abtreten, reduziert sich der Zins auf 9 %“ (Merkmale)
- „Wenn Sie noch ... abschließen, komme ich Ihnen bei ... entgegen“ (Zusatzgeschäfte)
- „Wenn Sie sich heute entscheiden, biete ich Ihnen ... ohne ...“ (sofortige Entscheidung)

Mit jedem Angebot und mit jeder Idee rund um den Preis empfindet Ihr Kunde, daß Sie gerne den Geschäftsabschluß erzielen möchten. In vielen Beratungs- und Verkaufsgesprächen entstehen so faire Preiskompromisse.

057 Tip 204 aus Nr. 12/89	Checkliste zur Einwandbehandlung

Unabhängig von Ihrer detaillierten Argumentation auf Kundeneinwände gilt es eine Reihe von Aspekten zu berücksichtigen. Beachten Sie die folgende Checkliste:

1. Sprechen Sie in der Ich-Form („Ich freue mich ...") und im Sie-Stil („Gut, daß Sie ...").
2. Meiden Sie verunsichernde Abfärbpartikel wie „eigentlich", „überhaupt", „irgendwie", „vielleicht", „eventuell", „trotzdem", „aber", „doch", „denn", „dennoch".
3. Sprechen Sie Ihre Kunden mit deren Namen korrekt an; je früher die Namensnennung, desto günstiger.
4. Meiden Sie Abkürzungen wie GAA, KAD, KIS, KWG oder VL-Leistungen und vor allem Bankchinesisch (Stückzinsen, Vorfälligkeitsentschädigung, Courtage); übersetzen Sie die Fachbegriffe für Ihre Kunden („Das bedeutet für Sie", „Das bringt Ihnen", „Damit ersparen Sie sich" usw.).
5. Achten Sie auf eine offene und nicht aggressive Körpersprache (Handschlag, offene Hand, offener Oberkörper).
6. Meiden Sie Ermahnungen (Zeigen und Drohen mit dem Stift oder Zeigefinger; Faust) und ermahnende Aussagen („Hören Sie mal zu", „Denken Sie immer an ...", „Sie müssen sich mal hier die Tabelle anschauen!").
7. Bedanken Sie sich für Einwände („Vielen Dank für ...", „Gut, daß Sie ... ansprechen. Ich bin Ihnen dafür dankbar") und zeigen Sie Interesse und Verständnis („Das ist interessant, daß ...", „Ich kann Sie gut verstehen", „Ich habe Verständnis für Ihren Hinweis").
8. Vermeiden Sie einwandverstärkende Begriffe wie Einwand, Vorwand, Beanstandung oder Nachteil; ersetzen Sie diese Begriffe durch Frage, Hinweis, Wunsch, Anliegen usw.
9. Kontrollieren Sie das Ergebnis Ihrer Antworten auf Einwände („Ist damit Ihre Frage zu ... geklärt?", „Konnte ich Ihnen damit weiterhelfen?").

Wenn Sie die einzelnen Punkte dieser Checkliste beachten, kommen Ihre Sachargumente voll zur Geltung.

058 Kommentar Serie 1/88–2/89	Die Gesprächsführung in Beratungs- und Verkaufsgesprächen

Der verkäuferische Erfolg von Beratungs- und Verkaufsgesprächen wird entscheidend durch den gezielten Einsatz von Steuerungselementen bestimmt. Das Steuern im Gespräch erfolgt dabei auf direkten und indirekten Wegen:

Direkte Steuerungsmittel:
- Offene und geschlossene Fragen
- Informationsfragen
- Alternativ-/Entscheidungsfrage
- Vermeintliche Fragen
- Suggestivfragen
- Kontrollfragen

Indirekte Steuerungsmittel:
- Passives Zuhören
- Aktivierendes Zuhören
  - Lautmalerei
  - verstärkende Äußerungen
  - Echo-Fragen
  - Gefühle ansprechen

Erst die volle Nutzung aller direkten und indirekten Steuerungsmittel sichert Ihnen eine souveräne Gesprächs- und Verhandlungsführung. Sie erhalten hier einen Überblick über die verschiedenen Steuerungsmöglichkeiten. Auch wenn die einzelnen Elemente isoliert dargestellt werden, ist der isolierte Einsatz weniger wirksam. Die volle Wirkung erzielen die Steuerungsmittel im kombinierten situationsbezogenen Einsatz.

1. Offene und geschlossene Fragen

Offene Fragen zielen auf längere, ausführliche Antworten, meist einen oder mehrere vollständige Sätze; geschlossene Fragen zielen auf ein knappes „Ja“ oder „Nein“ des Gesprächspartners.

Die offenen Fragen beginnen mit Fragewörtern (W-Fragen) und wecken Auskunftsbereitschaft. Sie eigenen sich deshalb besonders für den Einstieg in Gespräche oder in neue Gesprächsabschnitte. Offene Fragen produzieren fast automatisch eine gute Gesprächsbasis:

- „Was kann ich heute für Sie tun?“
- „Welche Vorstellungen haben Sie von ... (z. B. Ihrer Geldanlage)?“
- „Wo liegen die Schwerpunkte Ihrer Tätigkeit?“
- „Wie haben Sie Ihre Ersparnisse bisher angelegt?“

Diese und andere offene Fragen lösen meistens umfassende Antworten aus. Von besonders gesprächigen Kunden können sie aber auch als ‚Einladung' zu weitschweifigen Äußerungen angesehen werden und können dann viel Zeit kosten. Offene Fragen mit dem Fragewort „Warum?" sind weniger gesprächsfördernd; sie bewirken eher Rechtfertigungen und Verteidigungen Ihrer Gesprächspartner.

Geschlossene Fragen engen durch die Form der Frage den Antwortbereich des Gesprächspartners ein. Einzelne Informationen sind schon in der Frage oder den Aussagen kurz vor der Fragestellung enthalten. Geschlossene Fragen bringen das Verkaufsgespräch „auf den Punkt":

- „Kann ich heute etwas für Sie tun?"
- „Haben Sie bestimmte Vorstellungen?"
- „Gibt es einen Schwerpunkt bei Ihren Tätigkeiten?"
- „Haben Sie Ihre Ersparnisse bisher angelegt?"

Die Begrenzung auf Ja- und Nein-Antworten durch die Frageform verhindert tendenziell eine Verlängerung des Gesprächs. Natürlich antwortet nicht jeder Kunde mit „Ja" oder „Nein". Es kommen auch Antworten, die zwischen den Aussagen „Ja, aber ..." und „Nein, doch ..." liegen. Der Kunde spricht wider Erwarten vollständige Sätze. Insbesondere Entscheidungsfragen in geschlossener Form können enttäuschende Antworten hervorrufen:

Berater: „... Sind Sie damit einverstanden?"
Kunde: „Nein, das muß ich mir noch überlegen."

Bereiten Sie solche geschlossenen Fragen systematisch durch vorgeschobene offene Fragen vor. Die Wahrscheinlichkeit für eine ablehnende Antwort wird erheblich verringert:

Berater: „... Und was kann ich Ihnen jetzt noch beantworten?"
Kunde: „Eigentlich nichts mehr."
Berater: „Sind Sie damit einverstanden, wenn ich Ihnen alle Unterlagen vorbereite?"
Kunde: „Ja, bitte."

2. Informationsfragen

Fragen, die auf den ersten Blick offen gestellt werden, tatsächlich aber geschlossenen Charakter haben, sind Informationsfragen. Sie sind unerläßlich für die individuelle Kundenberatung (Bedarfsermittlung) und für die Abwicklung des laufenden Geschäftes. Informationsfragen werden leider viel zu oft als ‚Behördenfragen‘ gestellt:

Berater:	„Name!“	Kunde:	„Müller.“
	„Vorname!“		„Karl-Heinz.“
	„Geburtsdatum!“		„20. Februar.“
	„Jahrgang!“		„1945.“
	„Geburtsort!“		„München.“
	„Postleitzahl!“		„8000.“
	„Wohnort!“		„München.“
	„Bezirk!“		„München 2.“
	„Straße!“		„Birkenweg.“
	„Nummer!“		„38.“

Die gleichen Informationsfragen lassen sich auch höflich und (geschäfts-) partnerschaftlich an den Kunden stellen:

Berater:	„Sie heißen?“	Kunde:	„Karl-Heinz Müller.“
	„Wann und wo sind Sie geboren, Herr Müller?“		„Am 20. Februar 1945 in München.“
	„Und wo wohnen Sie?“		„In 8000 München 2, im Birkenweg 38.“

Informationsfragen bedürfen sorgfältiger Vorbereitung, damit nicht der Eindruck der Neugierde beim Kunden entsteht. Bewährt haben sich vorbereitende und begründende Formulierungen wie:

- „Ich benötige von Ihnen noch einige Informationen, damit ich Ihnen jetzt noch ... ausrechnen kann: ...“
- „Bitte geben Sie mir noch einige Angaben, damit ich Sie individuell beraten kann: ...“

3. Alternativ- oder Entscheidungsfrage

Sie geben Ihren Gesprächspartnern mit der Alternativ- oder Entscheidungsfrage meistens zwei und vereinzelt drei oder mehr Antwortmöglichkeiten vor. Sie sollen sich für eine Alternative entscheiden; weitere Alternativen werden durch die Fragestellung beiseite geschoben. Mit der Alternativfrage zielen Sie also auf ein So oder So:

- „Möchten Sie lieber einen festen Zinssatz oder ziehen Sie einen variablen Zinssatz vor?“

- „Sind Ihnen monatliche oder quartalsweise Zahlungen lieber?“
- „Sparen Sie lieber monatlich feste Beträge oder das, was monatlich auf Ihrem Konto übrigbleibt?“

Es ist die Absicht der Alternativfrage, den Partner zwischen den Alternativen festzulegen, um so dessen Denken zu steuern. Selbstverständlich können Sie einen Ihrer Vorschläge in der Alternativfrage stärker gewichten:

- „Wünschen Sie den Typ I mit der jährlichen Zinszahlung oder den besonders attraktiven Typ II mit der bequemen Zinsansammlung?“

Achten Sie immer darauf, daß Sie realistische Alternativen gegenüberstellen. Stellen Sie die von Ihnen bevorzugte Alternative an die zweite/letzte Stelle. Hat Ihr Kunde keine besonderen Vorlieben, so wird er eher die zweite Alternative wählen.

Da Alternativfragen teilen, reduzieren Sie den Gesprächsspielraum und die Bandbreite Ihrer Vorschläge. Wenden Sie Alternativfragen besonders bei der Bedarfsermittlung und nach sehr sorgfältiger Vorbereitung an. Sie haben dann ein sehr wirksames Instrument der Gesprächsführung zur Verfügung.

4. Vermeintliche Fragen

Der Wenn-Dann-Fragesatz wirkt wie eine Frage. Er ist keine echte Frageform, sondern eine geschickte Formulierung mit stark fragender Betonung. Er soll Ihnen wichtige Informationen bringen, die bei direkten Fragen oft zurückgehalten werden:

- „Wenn ich Ihre bisherigen Anlageformen kenne, dann kann ich Ihnen ein maßgeschneidertes Angebot unterbreiten.“
- „Wenn Sie mir Ihren Grenzsteuersatz nennen, dann kann ich Ihnen Ihre Steuerersparnis ausrechnen.“
- „Wenn Sie diese Woche die Kontoeröffnungsunterlagen unterschrieben zurückschicken, dann können Sie schon nächste Woche ...“

Im Wenn-Teil des fragenden Satzes sprechen Sie die Zielrichtung an; im Dann-Teil erfolgt eine vorteilhafte Begründung für Ihren Informationswunsch. Der Wenn-Dann-Fragesatz wird erst dann als Frage erkennbar, wenn er die entsprechende fragende Betonung oder einen fragenden Blick als Ergänzung erhält.

Die rhetorische Frage ist eine Scheinfrage. Der Fragende stellt nur vermeintlich eine Frage in den Raum. Tatsächlich erwartet er keine Antwort vom Befragten, sondern gibt selbst die Antwort. Es entsteht ein scheinbarer Dialog. Antwortet überraschend der Gesprächspartner, ist die rhetorische Frage an ihrem Ziel vorbeigegangen: Strukturierung des Dialogs und gezielter Argumentationshöhepunkt.

- „Über welche Punkte sollten wir noch sprechen? – Ich meine ..."
- „Auf was sollten Sie jetzt besonders achten? – Denken Sie vor allem an ... und an ..."
- „Wie wollen wir verbleiben? – Ich schicke Ihnen ... und Sie ..."
- „Was ist daran besonders günstig? – Einmal der garantierte Ertrag von ..., dann ... und drittens ..."

Die rhetorische Frage bietet die Möglichkeit, wichtige, aber von dem Kunden noch nicht angesprochene Aspekte anzuführen und verkaufsunterstützend zu beantworten. Fragen, auch wenn sie vom Fragenden sofort beantwortet werden, lassen aufhorchen. Der ‚Befragte' wird aus den gleichförmigen Ausführungen aufgerissen – seine Aufmerksamkeit steigt.

5. *Suggestivfragen*

Eine spezielle geschlossene Frageform ist die Suggestivfrage. Dem Gesprächspartner wird eine Ja-Antwort oder seltener eine Nein-Antwort in den Mund gelegt – suggeriert. Mit der Fragestellung sollen Gemeinsamkeiten hervorgehoben und bestätigt werden:

- „Sie erwarten sicher sehr gute Zinsen?"
- „Sie wünschen bestimmt eine lange Zinsgarantie?"
- „Sie haben sicher schon alle Unterlagen griffbereit?"

Die Verwender von diesen Fragen gehen ein hohes Konfrontationsrisiko ein. Die Suggestion geht nicht immer auf:

- „Mir sind steuerfreie Kursgewinne wichtiger."
- „Nein. Mir reicht eine kurze Zinsbindung."
- „Oh, nein. Da muß ich erst danach suchen."

Suggestivfragen unterstreichen nur in seltenen Fällen eine partnerschaftliche Grundhaltung. Sie sind häufig hörbares Zeichen für Hochdruckverkäufe mit dem Ziel eines schnellen Abschlusses.

6. Kontrollfragen

Kontrollfragen sind einem Thermometer vergleichbar: Sie dienen der laufenden Kontrolle, der Übereinstimmung zwischen den Gesprächspartnern. Sie können Widersprüche in Kundenaussagen aufdecken, Informationslücken orten, den Kenntnisstand des Fragenden absichern und (Teil-)Ergebnisse fixieren.

Rechtzeitig gestellte Kontrollfragen ersparen Zeit, sie vermeiden Doppelarbeit, Diskussionen über Nebensächliches und bringen klare Positionen – auch gegensätzliche Positionen! – ins Beratungs- und Verkaufsgespräch. Einige Beispiele:

- „Welche weiteren Fragen kann ich Ihnen noch zu ... beantworten?"
- „Meinen Sie damit eine Risiko- oder eine Kapitalversicherung?"
- „Sie sagten vorhin, daß ... und jetzt, daß ...?"

7. Passives Zuhören

Haben Sie schon die folgenden oder ähnlichen Klagen im Bekannten-, Kollegen- und Kundenkreis gehört?

- „Ich muß ihm alles zweimal sagen, und dann hört er immer noch nicht richtig zu."
- „Die Kunden können eh' nicht zuhören."
- „Die bei der Bank hören mir ja doch nicht zu."

Es vergeht kaum ein Tag, an dem gute Zuhöreigenschaften überflüssig wären. Und dennoch haben die wenigsten Bank- und Sparkassenmitarbeiter das richtige Zuhören systematisch erlernt. Zuhören ist die Kunst, im richtigen Augenblick zu schweigen. Wir bezeichnen das als passives Zuhören. Es gibt dem Gesprächspartner Möglichkeiten, seine Angelegenheiten darzulegen und gehört zu werden. Es beschränkt sich auf die Informationsaufnahme und Zeichen des Zuhörens.

8. Aktivierendes Zuhören

Das aktivierende Zuhören umfaßt mehr als das passive Zuhören: Der aktivierende Zuhörer gibt zusätzlich steuernde Impulse an seinen Gesprächspartner zurück.

Wie merken Kunden, daß der Berater ihnen zuhört?

Vor allem dann, wenn sie sprechen können und wenn sie aussprechen dürfen. Es widerspricht dem Gebot des Zuhörens, dem Kunden das Satzende vorzuformulieren, ihn bei langsameren Aussagen zu unterbrechen oder in dessen Denkpausen selbst zu sprechen. – Schweigen ist für Berater sehr schwer, weil sie dabei nicht demonstrieren können, welches Fachwissen, welche Erfahrungen, welche Entscheidungsbefugnisse sie haben und welche günstigen Ratschläge sie geben können. Viele Berater fühlen sich nur dann bestätigt, wenn sie selbst sprechen und sich darstellen.

Lassen Sie Kunden ausreden und unterbrechen Sie nicht. Sie erhalten dann ganz sicher wertvolle Hinweise für das weitere Beratungs- und Verkaufsgespräch.

9. Aktivierendes Zuhören durch Lautmalerei

Zuhören ist die Kunst, im richtigen Augenblick zu schweigen. – Doch Schweigen allein genügt vielfach nicht. Sie kennen zum Beispiel Fragen von Telefonpartnern wie

- „Hallo, sind Sie noch dran?“ oder „Habe ich Sie noch?“

Das alleinige Schweigen hat verunsichert und zu den Fragen geführt. Um Ihr Zuhören zu dokumentieren, müssen Sie zusätzlich Ihre Anwesenheit durch sprachliche Reaktionen – Lautmalerei – belegen. Streuen Sie deshalb Zeichen des Zuhörens ein wie

„mhm“, „aha“, „ja“, „oh“, „ah“, „schön“, „gut“, „prima“, „ah ja“, „fein“, „toll“, „hm“ usw.

Setzen Sie zusätzlich Ihre Körperhaltung, Gestik und Mimik ein: lächeln, nicken, vorbeugen, Erstaunen zeigen, Zustimmung ausdrücken, offene Körperhaltung usw. Jetzt nimmt Ihr Gesprächspartner das Zuhören sicher auf und spricht weiter. Nutzen Sie bevorzugt Pausen für Ihre Lautmalerei, ohne allerdings den Partner zu unterbrechen. Achten Sie vor allem auch darauf, daß Sie die einzelnen Reaktionen variieren.

10. Aktivierendes Zuhören durch verstärkende Äußerungen

Verstärkende Äußerungen zeigen dem Gesprächspartner Ihr Zuhören und steuern zusätzlich das Gespräch:

Kunde: „… und dann erwarte ich auf alle Fälle eine langfristige Finanzierung bei dem geringen Eigenkapital.“

Berater: „Ah ja, das ist interessant.“

Kunde: „Ja, ich kann nämlich im Moment nur …“

Der Berater ergänzt die Lautmalerei („ah ja“) durch eine verstärkende Äußerung („Das ist interessant“). Damit führt er den Kunden zur nächsten Aussage. Er erspart sich hier eine bohrende Frage nach dem Eigenkapital. – Besonders das indirekte Aufgreifen der Gesprächsinhalte wirkt verstärkend:

Kunde: „Da kommt aber ein stattlicher Betrag für mich zusammen. Insgesamt über 2000 Mark monatlich. Glauben Sie, daß ich das überhaupt verkraften kann?“

Berater: „Ich kann Sie gut verstehen. Sie haben wahrscheinlich Bedenken, daß Ihre regelmäßigen monatlichen Einkünfte nicht reichen werden.“

Kunde: „Ja, weil zur Zeit bei mir …“

Der Berater scheut sich in diesem Dialog, verfrüht eine Antwort auf die Kundenfrage zu geben. Er möchte sicher die Entscheidung auch dem Kunden überlassen. Er erreicht das durch die bedingte Zustimmung („Ich kann Sie gut verstehen“) und das indirekte Aufgreifen. Diese Kombination wirkt wie eine Frage. Der Kunde wird veranlaßt, über seine regelmäßigen monatlichen Einkünfte nachzudenken und zu sprechen. – Das aktivierende Zuhören entsteht durch die Kombination aus dem Hören, der bedingten Zustimmung und dem indirekten Aufgreifen der Kundenaussage.

11. Aktivierendes Zuhören durch Wiederholungen und Echo-Fragen

Sie vermeiden Mißverständnisse, Konflikte und Reklamationen, wenn Sie wichtige Einzelheiten und Gesprächsergebnisse wiederholen:

- „Ich wiederhole noch einmal: … Ist das so in Ordnung?“
- „… Gut, dann freue ich mich auf unser nächstes Gespräch am … um … in …“

Gesprächspartner gehen manchmal sehr schnell über bestimmte Einzelheiten hinweg. Mit Echo-Antworten können Sie Ihr Zuhören bekunden und Ihr Interesse ausdrücken. Daneben steuern Sie so, daß die mit dem

Echo aufgegriffenen Einzelheiten vertieft werden:

Kunde: „... und dann war ich noch einige Jahre unterwegs. Anschließend wollte ..."

Berater: „... einige Jahre unterwegs."

Kunde: „Ja, ich war zuerst in den Vereinigten Staaten und in Kanada und anschließend bin ich erst noch ..."

Der Berater wiederholt einige Wörter – wie ein Echo – des Kunden. Ziel ist es, mehr über den aktivierend angesprochenen Bereich zu erfahren. Zuhören und Gesprächssteuerung werden bewußt miteinander verknüpft.

Unvollständige Sätze erreichen die gleiche Aktivierung: Auch bei dieser Zuhörform wird ein Wort oder ein Satzteil aus den Äußerungen aufgegriffen. Ein unvollständiger Satz entsteht. Absicht des Beraters ist es, daß der Kunde diesen Satzbeginn aufgreift und aus seiner Sicht vervollständigt:

Kunde: „So langsam, glaub ich, reicht es mir. Ständig geht es bergab. Erst die Kursverluste, dann weniger Dividende, jetzt diese Schlagzeilen in der Presse ..."

Berater: „... Sie prüfen also ... ob Sie ..."

Kunde: „Ja, ob ich alle Aktien verkaufe."

Die Form der Aktivierung funktioniert nur, wenn die unvollständigen Sätze langsam und deutlich gesprochen werden.

12. Aktivierendes Zuhören durch Gefühle

Wenn Sie Gefühle Ihres Gesprächspartners ansprechen, stellen Sie ihn voll in den Mittelpunkt des Gespräches:

- „An was denken Sie bei diesem Angebot?"
- „Welche Sorgen machen Sie sich?"
- „Wie fühlen Sie sich bei diesem Vorschlag?"
- „Was für Gefühle haben Sie dabei?"

Die Gefühle Ihrer Kunden sollten Sie erst dann ansprechen, wenn die bereits vorgestellten aktivierenden Zuhörformen nicht oder nur zum Teil wirksam wurden. Gefühle werden immer mit offenen Fragen angesprochen. Sie vertiefen die Kommunikation – aus oberflächlichem ‚Geplänkel' wird ein ‚befruchtendes' Gespräch.

Das Ansprechen der Gefühle ist mit anerkennenden Kommunikationsreizen verknüpfbar. So können Sie optimistische Menschen beispielsweise fragen:

- „Was machen Sie, daß Sie immer so gut gelaunt sind?“
- „Was ist Ihr Geheimnis, daß Sie immer so optimistisch sind?“
- „Wie gelingt Ihnen das immer wieder, daß Sie so zuversichtlich sein können?“

Sie können Gefühle auch ähnlich wie die verstärkenden Äußerungen ansprechen. Es genügt, auf Aussagen kurz zu reagieren:

- „Das macht Ihnen Spaß.“
- „Das belastet Sie immer wieder.“
- „Da fühlen Sie sich wohl dabei.“

Sie sprechen, mit dem Aufgreifen der Gefühle, von Mensch zu Mensch; das Beratungs- und Verkaufsgespräch wird direkter und offener werden.

059 Tip 215 aus Nr. 2/90	Telefongrundsätze

Bei zwei Kreditinstituten bzw. -verbänden haben wir sehr gegensätzliche Telefongrundsätze entdeckt:

• *Die hohe Schule des Telefonierens?* •

- Nichts ist geschäftsstörender als ein kurzes und knappes Telefonat. Die Kunstform für das Telefonieren ist das Epos.
- Erst wählen, dann reden, dann denken, dann suchen, dann auflegen.
- Höfliche Floskeln sind der Schmuck eines jeden Anrufers. Lassen Sie den Angerufenen nie erkennen, was Sie wirklich wollen.
- Es ist sinnlos, sich den Inhalt eines Telefongespräches aufzuschreiben, der Zettel geht sowieso verloren.
- Nehmen Sie den Hörer niemals sofort ab, der Anrufer könnte sonst denken, Sie hätten nichts zu tun.
- Melden Sie sich kurz und knapp mit „Ja“ oder „Hallo“.
- Zeigen Sie Ihre persönliche Note: Der dynamische Typ brüllt, der ängstliche Typ nuschelt.
- Der Anrufer soll merken, daß sich die ganze Firma um ihn kümmert. Verbinden Sie deshalb nie direkt. Vier Stationen sollte er mindestens passieren. Das beeindruckt.
- Erledigen Sie Ihre Anrufe möglichst in der Mittagspause, dann besteht nicht die Gefahr, daß Sie jemanden erreichen.
- Unterbrechen Sie Ihren Gesprächspartner laufend. Sie bringen dadurch das Gespräch in geordnete Bahnen. Sie wissen ohnehin weit besser als er, was er eigentlich sagen möchte.
- Wenn Sie einmal nicht arbeiten wollen, dann telefonieren Sie.

• *Telefongrundsätze* •

1. Bevor Sie zum Telefonhörer greifen, bringt Sie ein Lächeln in positive Stimmung
2. Sie nehmen den Kunden als Person ernst, deshalb lassen Sie ihn ausreden und hören zu

3. Verwenden Sie positive Formulierungen: „Ich verbinde Sie mit …; der hilft Ihnen gerne weiter.“ statt „Dafür bin ich nicht zuständig“
4. Sie gehen auf den Kunden ein und suchen gemeinsam Lösungen
5. Sie vermeiden Fach-Chinesisch und Abkürzungen
6. Ihre kundenorientierte Argumentation stellt Daten, Fakten und Beweise dar – erst dann präsentieren Sie die Entscheidung: „… die Situation sieht so aus …, aus diesem Grunde …“
7. Sie beziehen Beleidigungen oder Beschuldigungen nicht auf Ihre Person
8. Bei Beschwerden und Reklamationen ist es Ihr Anliegen, Lösungen statt Schuldige zu suchen
9. Sie unterstellen Ihren Gesprächspartnern Wissen und Kenntnisse
10. Sie freuen sich, wenn das Telefon klingelt

Gegensätzlicher können Telefongrundsätze nicht ausfallen – oder? Die hohe Schule des Telefonierens gehört – hoffentlich – der Vergangenheit an. Die zehn Punkte der zweiten Liste gehören in die Nähe eines jeden Telefonarbeitsplatzes.

060 Tip 211 aus Nr. 2/90	Können Sie „Nein“ sagen?

Verkäufer sind eher auf das „JA-Sagen“ eingestimmt – das ist auch die notwendige Voraussetzung für den Erfolg.

→ Manchmal müssen Sie aber auch ein „NEIN“ sagen können, und zwar so, daß eine weitere Gesprächsbasis aufrechterhalten bleibt.

Fall 1: *Sie können einem Konditionswunsch nicht entsprechen.*

a) „Ich verstehe Ihren Wunsch nach höheren Zinsen für Ihr Geld. Sie haben von mir das derzeit bestmögliche Angebot erhalten. Selbstverständlich werde ich Sie bei veränderter Situation oder neuen Möglichkeiten sofort informieren ...“

b) „Ihren Wunsch nach günstigen Konditionen verstehe ich sehr gut, da Sie als Geschäftsmann entsprechend kalkulieren müssen. Sehen Sie, bei uns ist das nicht anders ...“

Fall 2: *Sie können einem Kreditwunsch nicht entsprechen, weil die Bonität schlecht ist.*

„Wie wir gemeinsam festgestellt haben, wäre die monatliche Belastung durch einen zusätzlichen Kredit sehr hoch ...“

Sicher sind diese Antworten keine Garantie. Uns jedoch erscheint wichtig, daß Sie sich für solche Situationen Ihre eigene Argumentation zurechtlegen.

Vielleicht diskutieren Sie die eine oder andere Formulierung in Ihrer Filiale.

Je schwieriger die Argumentation ist, um so mehr müssen Sie sich darauf vorbereiten und entsprechende Formulierungen zur Hand haben.

061 Tip 226 aus Nr. 5/90	Anrufer/-in mit Namen verabschieden!

Wenn Sie angerufen werden, dann sollten Sie sich am Ende des Gespräches mit dem Namen des Anrufers verabschieden.

„Herr X, Frau Y, ich bedanke mich für Ihren Anruf.“

Es ist nicht immer selbstverständlich, daß Sie angerufen werden, und deshalb ist der Dank in dieser Form eine nette kleine Geste.

Eine große Schweizer Bank hat diese Geste so weit institutionalisiert, indem auf den internen Telefon-Notizblöcken dieser Tip wörtlich angeführt ist, so daß man bei jedem Telefonat daran denkt.

Wenn Sie daran denken, den Anrufer mit dem Namen zu verabschieden, so denkt dieser gerne daran, Sie wieder anzurufen.

Wissen Sie auch, was am Anfang des Telefonats passiert, wenn der Kunde anruft?

- Wird der Hörer nach spätestens drei Tonzeichen abgehoben?
- Kann der Kunde erkennen, mit wem er spricht?
  (Wie melden sich Ihre Mitarbeiter?)
- Ist der Kunde willkommen?
  (Wirken Ihre Mitarbeiter freundlich oder eher abweisend?)

a) Bank A, Müller!
b) Bank B, hier spricht Wolfgang Meier von der Abteilung X, was kann ich für Sie tun?
   (Ich wünsche Ihnen einen guten Tag!)

Wo würden Sie lieber anrufen?

062 Tip 240 aus Nr. 8/90	„Ich habe kein Interesse!“

Diese Kundenantwort hören Sie leider allzu oft nach der aktiven Kundenansprache oder einer unvollständigen Bedarfsermittlung. Wie reagieren Sie auf „Ich habe kein Interesse!“?

Viele Bank- und Sparkassenmitarbeiter ziehen sich entschuldigend zurück. Man wollte ja den Kunden nur informieren, ihn über neue Dienstleistungen informieren usw. Vielleicht später noch einmal Kontakt aufnehmen oder so ähnlich. Dabei wollen Sie das ja gar nicht, sondern Sie wollen verkaufen – und das möglichst bald.

Versuchen Sie es einmal mit einer der folgenden Argumentationen:

1. „Davon gehe ich aus, daß Sie derzeit kein Interesse für ... haben. Ich möchte mit Ihnen auch nicht über Ihren aktuellen Bedarf sprechen, sondern über die neuen Möglichkeiten der Geldanlage, der vorteilhaften Finanzierung von Investitionen ..., damit Sie besser vergleichen können.“
2. „Oh, das überrascht mich. Was interessiert Sie dann zur Zeit mehr: eher die regelmäßige Geldanlage, günstige Finanzierungen oder sonstige Geldangelegenheiten?“
3. „Herr König, sicher gilt das nur auf den ersten Blick. Denn gerade das ... ist im Moment besonders attraktiv: Sie erhalten ... und zusätzlich ... Darf ich Ihnen das einmal näher durch ein persönliches Rechenbeispiel erläutern?“
4. „Sie sagen, daß Sie das nicht interessiert. – Gilt das grundsätzlich oder nur heute, weil ... (... ich Sie in einem ungünstigen Moment angesprochen habe)?“
5. „Frau Müller, gut, daß Sie das gleich so offen ansprechen. Was könnte zur Zeit rund um finanzielle Angelegenheiten Ihr Interesse finden?“

Diese Argumentationen haben sich schon häufig bewährt. Dennoch kommen Sie nicht immer zu Ihrem Ziel. Dann gilt es, freundlich auszusteigen:

„Vielen Dank für Ihre offene Aussage. Darf ich Sie bei einem aktuellen Anlaß – z. B. bei einem besonders zinsgünstigen Angebot – wieder einmal ansprechen? ... Und übrigens: Sie wissen ja, daß ich Ihnen gerne bei allen Fragen rund um finanzielle Angelegenheiten helfe. Bitte sprechen Sie mich an.“

063 Kommentar aus Nr. 8/88	Der gutinformierte Kunde

Ein Bank- oder Sparkassenangestellter schimpft lautstark bei seinen Kollegen über einen sehr unangenehmen Kunden. Der Kunde „war viel besser informiert als ich“, „... fragte nach allen nur denkbaren und undenkbaren Details“, „... wünschte Informationen über die steuerlichen Auswirkungen“ und „... nannte immer wieder erpresserisch die aktuellen Konditionen anderer Kreditinstitute“. – Ein Hilferuf des Beraters an seine Kollegen und vor allem auch an seinen Geschäftsstellenleiter.

Diese oder ähnliche Klagerufe sind zu Beginn der 90er Jahre in Kreditinstituten immer häufiger zu hören. Nicht immer so deutlich und nicht immer so klar von der Zielrichtung her, nicht immer so offen und damit als Hilferuf erkennbar.

Der Anteil exzellent informierter Kunden am gesamten Kundenkuchen steigt kontinuierlich an. Diese „neuen Kunden“ nutzen verstärkt die Informationsangebote der Verbraucherverbände, der Presse und des Fernsehens. Sie informieren sich bei Arbeitskollegen und Geschäftspartnern, bei Nachbarn und Bekannten, sie holen Vergleichsangebote ein, sind generell stark an Information rund um Geldgeschäfte interessiert und sind auch schneller bereit, die Bankverbindung zu splitten oder zu wechseln.

Helfen Sie als Führungskraft Ihren Mitarbeitern!

Noch immer sind für diese gutinformierten Kunden Gespräche mit Mitarbeitern von Banken und Sparkassen die wichtigste Informationsquelle bei Anlage- und Kreditentscheidungen (nach der Untersuchung ‚Soll und Haben 3‘, Hrsg. Spiegel-Verlag). Die Informationschancen sind somit für Berater sehr gut. Diese Chancen müssen gezielt ergriffen werden. Unsicherheit auf seiten der Verkäufer läßt diese Chancen eher ungenutzt.

Helfen Sie den Mitarbeitern bei der Einstellung!

Eine positive Gesprächsatmosphäre ist unerläßlich. Deshalb beginnen gerade Gespräche mit gutinformierten (und damit wahrscheinlich schwierigen) Kunden mit Offenheit, Dank und Freude:

- Der Mitarbeiter ist offen für das Gespräch – es ist für ihn eine interessante Abwechslung, eine besondere Herausforderung und oft die Quelle zusätzlicher Informationen
- Der Mitarbeiter dankt für das Gespräch – der Kunde nimmt den Weg zum Kreditinstitut, er gibt dem Mitarbeiter und dem Kreditinstitut eine Gelegenheit zur Angebotspräsentation, ein guter Ansatz zum Verkauf
- Der Mitarbeiter freut sich auf solche Gespräche – der Kunde spürt die freudige Erwartung, die Besonderheit des Gespräches überträgt sich auf die Gesprächsqualität

Helfen Sie Ihren Mitarbeitern bei der Argumentation!

Vereinbaren Sie zum Beispiel eine Mitarbeiterbesprechung zu ‚Aktuellen Themen des Verkaufs'. Bringen Sie möglichst viele

- aktuelle Originalexemplare von Zeitschriften wie DM, Capital, Test, Impulse, Wirtschaftswoche, Effektenspiegel, BörseOnLine, Anleger-/Aktienbriefe usw.,
- aktuelle Originalunterlagen und Angebote (auch Prospekte) von konkurrierenden Kreditinstituten und branchennahen Anbietern (Versicherungen, Kaufhäuser, Kreditkartenorganisationen, Leasinggesellschaften, Autobanken usw.),
- Originalunterlagen öffentlich zugänglicher Informationsquellen (Ratgeber-Bücher, Bücher wie ‚Finanztips für Freiberufler und Selbständige', Computerauswertungen zur ‚Privaten Finanzanalyse' usw.) und
- Originalinformationsmaterial von Verbraucherverbänden (Tips zum Umgang mit Banken), Tageszeitungen (Leistungs- und Konditionenvergleiche) und sonstige Veröffentlichungen

zur Mitarbeiterbesprechung mit. Beachten Sie auch die Wirkung der Wirtschaftssendungen im Fernsehen (ZDF-WiSo, ARD-Plus-Minus, ARD-Ratgeber Geld) mit ihrem Millionenpublikum. Nehmen Sie zum Beispiel den aktuellen WiSo-Tip (zur Geldanlage oder Finanzierung) auf Video-/Kassette auf und besprechen Sie im Mitarbeiterkreis konstruktive Reaktionen auf erwartete Kundenaussagen schon am frühen Morgen nach der Ausstrahlung der Sendung.

Und wie sieht die konkrete weitere Hilfestellung aus?

1. Sammeln Sie mit Ihrem Geschäftsstellenteam Argumente für Ihr Kreditinstitut und die Angebote Ihres Hauses.
2. Üben Sie Gespräche mit herausfordernden, gut informierten und komplizierten Kunden im Rollenspiel.
3. Setzen Sie in diesen Rollenspielen bewußt möglichst viel Originalunterlagen (siehe oben) ein: Video-/Kassetten, Presse-/Artikel, Prospekte, Computerberechnungen usw.
4. Fordern Sie Ihre Mitarbeiter auf, immer wieder neue und aktuelle Informationen und Informationsquellen in die Verkaufsbesprechungen einzubringen.
5. Halten Sie Argumente und sonstige erfolgversprechende Verhaltensweisen fest.
6. Machen Sie diese Unterstützungen allen Kollegen (auch neuen!) gut zugänglich (im Sozialraum als Plakate, als Argumentationsmuster im Beraterhandbuch usw.).
7. Sorgen Sie für Fach-Know-how, indem Sie immer wieder Spezialisten Ihrer Zentrale zu den Verkäuferbesprechungen (Referate und Erfahrungsaustausch mit Diskussionen) einladen.

Ihre Mitarbeiter werden so sicherer und selbstbewußter. Sie werden kritischere, gutinformierte, anspruchsvolle und selbstbewußte Kunden besser beraten und erzielen dadurch mehr Verkäufe.

064 Tip 276 aus Nr. 2/91	Sie sind schon der Dritte, der mich anspricht!

Diese Antwort können Sie manchmal erhalten, wenn ein Kunde mehrmals wegen eines Produktes oder bei einer Aktion von Ihnen angesprochen wird.

Abgesehen von einer organisatorischen Lösungsmöglichkeit dieses Problems (Vermerk auf Kundenkarte oder sonstiger Kennzeichnung) kann es schon vorkommen, daß Mehrfachansprachen stattfinden. (Es ist besser, man spricht einen Kunden dreimal an als überhaupt nicht.) Schließlich wollen Sie Ihre Kunden ja über für sie nutzbringende Produkte informieren.

Sie sollten eine solche Reaktion Ihrer Kunden also nicht negativ empfinden, sondern richtig reagieren, etwa mit folgender Argumentation:

„Wenn Sie bereits informiert wurden, darf ich Sie fragen, ob diese Sparform für Sie interessant ist?"

„Wir bieten ... deswegen an, weil es eben derzeit so günstig ist. Haben Sie sich schon dafür entschieden?"

Erarbeiten Sie mit Ihren Mitarbeitern die aus Ihrer Sicht beste Formulierung.

Bei einer Kundenansprache keine Angst vor einem Gegenargument. Ein Gegenargument, ein „NEIN" der Kunden, gehört zum Alltag des Verkäufers und kann mit der richtigen Argumentation überwunden werden.

Abgesehen davon ist das Risiko der Mehrfachansprache nicht extrem groß. Im Rahmen einer Kundenbefragung wurde auf folgende Frage geantwortet:

„Werden Sie von uns regelmäßig über Neuigkeiten informiert?"
- 33 % der Kunden: NIE!
- 45 % der Kunden: nur manchmal

Das heißt, nur ca. 22 % der Kunden werden tatsächlich regelmäßig informiert und dabei manchmal vielleicht auch „überinformiert". Das sind jene Kunden, die ohnehin häufig die Geschäftsstelle aufsuchen.

Sprechen Sie die übrigen 78 % Ihrer Kunden an!

Diejenigen, die weniger oft kommen, die Sie nicht so gut kennen.

065 Tip 256 aus Nr. 11/90	Warum manche Leute Ihre Automarke nicht wechseln!

Die Betreuung nach dem Abschluß

Jo Girard, ein legendärer amerikanischer Autoverkäufer sagte: „Der Verkauf beginnt eigentlich erst nach dem Abschluß!"

Am Beispiel des Autokaufs:

1. Der Verkäufer ruft den Käufer am Tag nach der Übernahme des Autos an und erkundigt sich, wie die erste Fahrt verlaufen war.
2. Nach etwa vier Wochen ruft der Verkäufer wieder an und fragt, ob der Kunde zufrieden und mit dem Auto alles in Ordnung sei.
3. Nach ca. sechs Monaten ruft der Verkäufer wieder an und erinnert den Kunden, daß bald der erste Service fällig sei, ob er einen Termin reservieren solle, damit der Kunde nicht warten müsse.

Jo Girard meint, daß seine Kunden immer wieder zu ihm kommen und daß seine „Nachbetreuung" dafür ausschlaggebend sei.

Wie können Sie diese Nachbetreuung auch im Bankgeschäft anwenden?

Sie können zum Beispiel den Firmenkunden anrufen, der eine neue Maschine über Sie finanziert hat, und sich erkundigen, ob diese neue Maschine seinen Erwartungen (Verbesserung der Produktivität, Rationalisierung der Abläufe etc.) entspricht.

Sie können zum Beispiel den Kunden anrufen, der aus steuerlichen Gründen ein Geschäft bei Ihnen abgeschlossen hat, und sich erkundigen, ob beim Finanzamt alles geklappt hat.

Finden Sie im Gespräch mit Ihren Mitarbeitern weitere Beispiele.

Die Betreuung nach dem Abschluß schafft Vertrauen und Beziehung und damit die Basis für den nächsten Abschluß.

066 Tip 180 aus Nr. 7/89	Kreditkarten aktiv verkaufen

In den letzten Jahren werden Kreditkarten von Kreditinstituten besonders intensiv verkauft. Beim aktiven Verkaufen bringen Kunden immer wieder ähnliche Widerstände. Sammeln Sie diese Kundenaussagen im Verkaufsteam und arbeiten Sie wortwörtliche Reaktionen aus. Damit werden Ängste und Unsicherheiten reduziert; die aktive Ansprache erfolgt selbstsicherer und verhilft zu besseren Abschlußergebnissen.

Hier die wichtigsten Einwände von Kunden beim aktiven Verkauf von Kreditkarten und denkbare Antworten:

Kunde: *„Die Karte brauche ich nicht."*

Oft kann der Kunde das eigentlich nicht beurteilen. Er drückt damit vielmehr eine Frage aus, die er nicht eingestehen will: „Wo kann ich diese Karte verwenden, und was bringt mir das?" Damit fallen Antworten dann viel leichter, zum Beispiel:

- „Gut, daß Sie danach fragen. Das ging mir vor einigen Wochen auch noch so. Inzwischen bin ich von der Eurocard begeistert. Vor allem das Tanken geht jetzt schnell und einfach ohne Bargeld. Zusätzlich erhalte ich eine monatliche Übersicht und sehe jetzt erst so richtig, was ich alles für das Auto ausgebe."

Kunde: *„Ich halte nichts von Plastikgeld."*

Eine verbreitete skeptische Einstellung zu Neuerungen. Auch hier fehlt dem Kunden der spürbare Nutzen einer Kreditkarte. Am besten reizen Sie mit einigen Kernvorteilen, zusätzlich können Sie einen Test der Karte anbieten:

- „Gut, daß Sie das so offen ansprechen. Auf den ersten Blick scheint eine Kreditkarte nur eine Plastikkarte zu sein. Tatsächlich können Sie erhebliche Vorteile mit ihr erzielen: Sie können weltweit und auch ganz in Ihrer Nähe bargeldlos zahlen. Sie erhalten eine klare monatliche Ausgabenübersicht und können zum Beispiel auch eine Menge Geld mit der Karte sparen. Darf ich Ihnen das etwas näher erläutern?"

Kunde: *„Ich komme mit meiner Scheckkarte aus."*

Ein Einwand der wieder Interesse an Informationen ausdrückt. Umformuliert fragt der Kunde: „Was bietet die Kreditkarte mehr als die Scheckkarte?" Auch hier gilt es, Beispiele aus der persönlichen Sphäre Ihrer Kunden zu finden, ohne dem Kunden Vorwürfe zu machen:

- „Das freut mich, wenn Sie mit der Scheckkarte zufrieden sind und sie von Ihnen gerne verwendet wird. Ich nutze jetzt häufiger zusätzlich meine Kreditkarte. Dabei schätze ich besonders die bequeme Zahlungsform: Ich muß nicht mehr an der Kasse ein Scheckformular ausfüllen und die anderen Kunden aufhalten; es geht mit der Kreditkarte viel schneller. Außerdem erspare ich mir die zusätzlichen Gebühren für Scheckzahlungen an der Tankstelle und die Buchungsgebühren. – Ich empfehle Ihnen einen Drei-Monats-Gratis-Test der ...-Eurocard."

067 Kommentar Nr. 3/90	Steht Ihr Kunde wirklich immer – auch sprachlich – im Mittelpunkt der Aktivitäten?

In vielen Reden, Artikeln und Zielsetzungen für den Vertrieb von Finanzdienstleistungen findet sich der Grundatz

‚Unsere Kunden stehen im Mittelpunkt unserer Aktivitäten'.

Das ist sicher immer gut gemeint und hört sich auch gut an. Doch entspricht der Satz wirklich immer dem Alltag in Banken und Sparkassen? Steht Ihr Kunde wirklich immer – auch und gerade sprachlich – im Mittelpunkt der Argumentation und Aktivitäten?

Zweifel sind sicher angebracht: Da dominiert im Alltag das Wort „wir" oder der Begriff „unser" sowie die Wörter „mein" und „mir". Würden die Kunden wirklich im Mittelpunkt stehen, dann hätten vor allem die Begriffe „Sie", „Ihnen" und „Ihre" Hochkonjunktur. Das gilt sowohl für das gesprochene Wort als auch für alles Geschriebene und Gedruckte, das an Kunden von Kreditinstituten gerichtet ist.

Die Sprache verrät viel von den Grundeinstellungen, den Einstellungen zu den Kunden. Schauen wir uns deshalb einige typische Formulierungen, die Kunden nicht in den Mittelpunkt stellen, an:

- „Herr Kunde, *ich* brauche da noch eine Unterschrift."
- „Wann haben Sie einmal Zeit *für mich*?"
- „Hören Sie *mir* mal bitte für einen Moment zu, Frau Kundin".
- „Glauben Sie *mir,* aus *meiner* Erfahrung kann *ich* sagen, daß ..."

Sicher haben auch Sie diese oder ähnliche Formulierungen von Mitarbeitern, Kollegen oder Führungskräften Ihres Institutes schon gehört. Wenn solche Formulierungen zur Regel in Beratungs- und Verkaufsgesprächen werden, können sie den Verkaufserfolg verhindern. – Eindeutig erfolgversprechender für den Verkauf und die Kundenbetreuung ist der Sie-Stil im Kundenkontakt. Er stellt die Kunden auch sprachlich in den Mittelpunkt Ihrer Aussagen. Die verbesserten Formulierungen klingen dann schon viel freundlicher und kundenorientierter:

- „Herr Kunde, bitte unterschreiben *Sie* hier *Ihren* ..."
- „Ich habe einige wichtige *Tips für Sie.* Wann paßt es *Ihnen* besser: Am ... oder lieber am ...?"

- „Frau Schneider, *Sie* können jetzt für *Ihr* Sparguthaben einen außergewöhnlich guten Zinssatz bei sofortiger Verfügbarkeit erhalten. Interessiert *Sie* das näher?"
- „Bitte beachten *Sie*, Frau Kundin, ..."
- Prüfen *Sie* diesen Aspekt; sicher bringt er *Ihnen* einen klaren Zinsvorteil."

Erfolgreiche Bank- und Sparkassenpraktiker stellen mit solchen Aussagen im Sie-Stil ihre Kunden klar und verständlich gerade sprachlich in den Mittelpunkt.

Kapitel 5: FÜHREN

068 Tip 133 aus Nr. 9/88	Wer macht bei Ihnen die Verbesserungsvorschläge?

Sie oder Ihre Mitarbeiter? Glauben Sie uns, die besseren Vorschläge kommen von Ihren Mitarbeitern! Vorschläge zur Verbesserung von Arbeitsabläufen, zur Aufgabenverteilung, zu Problemlösungen etc.

Sie müssen Ihre Mitarbeiter nur dazu ermuntern. Besser wäre es noch, Ihren Mitarbeitern vor der Besprechung zu sagen, sie mögen sich über einen bestimmten Problemkreis Gedanken machen und diese bei der Besprechung einbringen.

Manche Filialen haben im Sozialraum einen Zettel hängen mit der Überschrift:

„Ideen und Verbesserungsvorschläge für unsere Filiale“

Auch wenn dieser Zettel nicht gleich „beschrieben“ wird, sondern anfänglich eher leer bleibt (auch die Mitarbeiter müssen sich erst an so eine Vorgehensweise gewöhnen!), schreiben Sie vielleicht einen Punkt auf und ermuntern Sie Ihre Mitarbeiter, das gleiche zu tun. Nach ein paar Wochen funktioniert es.

Nicht Sie sollten die Vorschläge einbringen, sondern Sie sollten die Steuerung übernehmen, daß diese von Ihren Mitarbeitern kommen.

Dadurch kommt es zu echten, naheliegenden Verbesserungen, zur Lösung von Konflikten, die im Laufe der Zeit durch Routine entstanden sind und von der Führungskraft oft gar nicht bemerkt wurden. Sie werden überrascht sein!

069 Kommentar aus Nr. 2/90	„Na dann wünsche ich Ihnen einen schönen Urlaub!“

Ein Mitarbeiter von Ihnen besucht morgen ein Seminar, einen Kongreß oder nimmt an einer zentralen Schulungsmaßnahme teil. Sicher ist mit solchen Weiterbildungsmaßnahmen eine persönliche Anerkennung und Wertschätzung des Mitarbeiters verbunden. Doch muß die oben zitierte Verabschiedungsformulierung sein?

Natürlich ist es gut, daß die bevorstehende Abwesenheit bemerkt wird. Es ist bestimmt auch gut, darüber in der Geschäftsstelle und vor allem mit dem demnächst abwesenden Kollegen zu sprechen. Doch ist die verdeckte Botschaft „... schöner Urlaub!“ sinnvoll?

Natürlich ist die Aussage im Spaß gemeint, sicher ist sie aber auch mehr als nur eine unüberlegte Formulierung. Und dennoch kann sie bei den Mitarbeitern keine uneingeschränkte Freude auslösen. Je nach Temperament wird der Mitarbeiter die Aussage einfach überhören oder überspielen und vereinzelt auch einen bissigen Kommentar nach dem Muster „Ja, ich hoffe auf viel Sonne und viel Freizeit, damit es sich für mich auch richtig lohnt!“ abgeben.

Wie sieht der bessere Weg zur Vorbereitung auf eine Weiterbildungsveranstaltung aus?

- Informieren Sie Ihren Mitarbeiter möglichst früh über die Weiterbildungsmaßnahme
- Teilen Sie (mindestens) den Termin und die Inhalte mit
- Sprechen Sie einige Tage vor der Veranstaltung noch einmal intensiv mit dem Mitarbeiter
- Verdeutlichen Sie den Sinn und Ihre Erwartungen an den Mitarbeiter nach der Veranstaltung
- Informieren Sie die anderen Mitarbeiter über die Abwesenheit und die Funktion (Weiterbildung ist Förderung und keine Nachhilfe!)
- Sprechen Sie mit dem Mitarbeiter über dessen Erwartungen und Befürchtungen; geben Sie Unterstützung

- Vereinbaren Sie eine Umsetzungsstrategie; der Mitarbeiter soll z. B. die Kollegen über Neuigkeiten oder konkrete Verbesserungsmöglichkeiten nach der Veranstaltung informieren
- Zeigen Sie nach dem Besuch persönliches Interesse an den einzelnen Inhalten und Vorschlägen

Mit der Realisierung dieser Hinweise wird der Besuch einer Weiterbildungsmaßnahme als individuelle Förderung verdeutlicht. Erfolgreiche Führungskräfte verabschieden motivierend:

- „Ich wünsche Ihnen eine gute Veranstaltung. Hoffentlich bringen Sie für sich und für uns eine Menge interessanter Tips und Vorschläge mit. Alles Gute für die nächsten Tage." – Und Sie begrüßen dann den Mitarbeiter neugierig bei seiner Rückkehr:
- „Grüß' Sie, Herr König. Wie waren die letzten Tage? (...) Ich bin gespannt, was Sie uns von Ihrem Seminar zu berichten haben".

Weiterbildung wird dadurch nicht zu bezahltem Urlaub oder einer zusätzlichen Sozialleistung degradiert. Weiterbildung ist ein fester und wichtiger Bestandteil im Bank- und Sparkassenalltag. Weiterbildung stärkt den einzelnen Mitarbeiter und das Geschäftsstellenteam für die Bewältigung steigender Anforderungen.

070 Kommentar aus Nr. 7/90	„The Medium is the Message"

1. Wie einst Marshall Mc Luhan mit seinem berühmten Schlagwort, so stehen wir vor dem Problem, daß Medium, also das benützte Kommunikationsmittel, und Botschaft nicht scharf voneinander differenziert werden können, da bei näherem Hinsehen das Medium in vielen Fällen die eigentliche Botschaft darstellt.
   Eine geplante Verkaufsaktion kann z. B. in Form eines blassen Rundschreibens, möglicherweise noch bürokratisch und verdeckt autoritär formuliert, angekündigt werden. Aus demselben Anlaß kann aber auch eine brillante Präsentation aufgezogen werden. Bei naiver Betrachtung hätte in beiden Fällen die Botschaft an den Außendienst gelautet: Verkauft!
   In Wirklichkeit sind durch den Einsatz unterschiedlicher Medien ganz unterschiedliche Botschaften über den Tisch gebracht worden. Im Fall des Rundschreibens war die eigentliche Botschaft vielleicht: „Wir haben schon wieder eine Aktion! Also strengt Euch trotzdem an, schließlich leben wir vom Verkauf." Die Teilnehmer an der Präsentation hätten möglicherweise etwas ganz anderes gehört und gesehen: „Wir haben uns etwas einfallen lassen, und das erwarten wir auch von Euch. Unser Angebot ist überzeugend und richtig präsentiert, deshalb kann unsere Aktion nur erfolgreich sein."
2. Dieser Auszug aus dem Buch „Unternehmenskultur" von Rolf Rüttinger (Econ) ist sinngemäß auch für Ihre Tätigkeit als Geschäftsstellenleiter anzuwenden. Die Art und Weise, wie Sie Informationen an Ihre Mitarbeiter weitergeben, entscheidet über den Grad der Identifikation und Motivation.
   Überlegen Sie daher bei jeder Maßnahme, die Ihre Mitarbeiter betrifft, in welcher Form die dazu nötigen Informationen weitergegeben werden:
   - rein schriftliche Weitergabe von Unterlagen
   - kurze Mitarbeiterbesprechung mit persönlicher Information
   - Mitarbeiterbesprechung mit Diskussion
   - Mitarbeiterbesprechung, bei der das Thema „erarbeitet" wird
3. Wenn Sie üblicherweise Mitarbeiterbesprechungen abhalten, so geschieht dies meist aus dringenden Anlässen heraus. Eine organisatori-

sche Umstellung, eine personelle Maßnahme, die Änderung eines Arbeitsablaufes, Vertretungsprobleme, die Lösung von speziellen Fachaufgaben, das Vermitteln von „zig-seitigen“ Informationen aus der Zentrale usw.

Und am Schluß, wenn Ihre Mitarbeiter schon müde sind, noch ganz schnell etwas über den Verkauf. Die Aufmerksamkeit ist dementsprechend gering und damit auch die Umsetzung und der Erfolg.

Trennen Sie daher die Inhalte von Mitarbeiterbesprechungen! Machen Sie für Themen zu Markt und Verkauf *eigene* Besprechungen, wo Sie Verkaufsaktionen vorbereiten, Argumente besprechen, Ergebnisse diskutieren etc. Machen Sie eine solche „Verkaufsbesprechung“ zumindest einmal im Monat!

Wichtige Verkaufsaktionen sollten immer in einer Mitarbeiterbesprechung „erarbeitet“ werden. An eine gut vorbereitete Präsentation über die Gründe für diese Aktion durch den Geschäftsstellenleiter sollte anschließend das „Wie“ gemeinsam erarbeitet werden.

4. Lassen Sie sich etwas einfallen, damit Präsentation und Besprechung von der Routine abweichen. Dann können Sie auch erwarten, daß sich Ihre Mitarbeiter etwas einfallen lassen.

Ein Beispiel:

Suchen Sie aus Ihrem Kundenstock drei Kunden aus, die mit großer Wahrscheinlichkeit Ihren Mitarbeitern nicht bzw. kaum bekannt sind.

Dann stellen Sie Ihren Mitarbeitern die Frage: „Kennen Sie diese drei Personen?“

Bei einem Nein antworten Sie: „Das sind Kunden von uns!“

Bei einem Ja stellen Sie eine weitere Frage: „Was wissen Sie von diesen Kunden?“

Meistens ist dann das Wissen über diese Personen zu Ende, und Sie haben die Möglichkeit, wieder einmal auf das Problem der „durchschnittlichen oder schlafenden Kunden“ einzugehen. Eine Kundengruppe, bei der noch ein großes Wachstums- und Ertragspotential vorhanden ist, und bei der Sie mit gezielten Maßnahmen die Geschäftsverbindung intensivieren sollten. Wir haben in den „Monatlichen Praxistips“ schon mehrmals entsprechende Maßnahmen vorgeschlagen.

Bei diesem Praxistip geht es darum, wie Sie durch eine originelle oder unerwartete Handlung wieder einmal auf ein vielleicht schon mehrmals besprochenes Thema aufmerksam machen können.

Sollte ein Mitarbeiter überraschenderweise eine der ausgewählten Personen gut kennen, dann gratulieren Sie ihm und stellen die Wichtigkeit dieses Wissens heraus.

Sie kommen dann eben „von der anderen Seite“ zum Thema.

Sie müssen Ihren Mitarbeitern bestimmte Aktivitäten oft ebenfalls „verkaufen“. Mit überraschenden Einleitungen erhöhen Sie die Aufmerksamkeit, wecken das Interesse und haben gleich die notwendigen Argumente für das Thema.

071 Tip 203 aus Nr. 12/89	Die Mitarbeiter-Bilanz

Es ist in Mitteleuropa ein bewährter Brauch, daß zum Jahreswechsel Bilanz gezogen wird. Der Silvesterlärm mit dem Raketenknall ist das äußere Zeichen für einen geschäftlichen und persönlichen Schlußstrich. Erfolge des vergangenen Jahres läßt man noch einmal Revue passieren, analysiert und bewertet sie, vergleicht sie mit dem, was man sich zu Jahresbeginn vorgenommen hatte. Mißerfolge werden noch einmal untersucht und den Erfolgen gegenübergestellt.

In der Jahresschlußhektik werden dann noch die Weihnachtsfeiern in den Geschäftsstellen und/oder dem gesamten Kreditinstitut veranstaltet. Oft werden noch letzte Planungssitzungen für das kommende Jahr einberufen, Ziffern als Ziele abgesteckt und schließlich der Kalender gewechselt.

Wie wäre es jetzt mit einer Mitarbeiter-Bilanz?

Eine Bilanz mit jedem einzelnen Mitarbeiter im übertragenen Sinn. Jede Führungskraft spricht mit jedem direkt zugeordneten Mitarbeiter. Zum Beispiel über

- dessen persönliche Erfolge und Mißerfolge im ablaufenden Geschäftsjahr,
- die gemeinsamen Erfolge und Mißerfolge des gesamten Geschäftsstellenteams,
- die besonderen anstehenden Aufgaben und die kommenden Herausforderungen für das Team,
- die persönliche Entwicklung jedes Mitarbeiters und dessen individuelle Förderung durch das Kreditinstitut und/oder durch die Führungskraft,
- die Veränderungen und Neuerungen im Gesamtinstitut,
- die nächsten beruflichen Schritte jedes einzelnen Mitarbeiters des Geschäftsstellenteams
- usw.

Da Stillstand im beruflichen Bereich immer Rückstand bedeutet, sollten vor allem Perspektiven für das kommende Geschäftsjahr angesprochen werden: veränderte und erweiterte Aufgaben, zusätzliche Pflichten und auch Kompetenzen. Die Mitarbeiter-Bilanz darf keine formelle Pflichtübung sein. Die Mitarbeiter wollen sehr individuell und auch ehrlich angesprochen werden.

Übrigens: Die Verknüpfung der Mitarbeiter-Bilanz mit dem institutsspezifischen Beurteilungssystem ist weniger sinnvoll. Bilanz und Beurteilung geben jeweils einen gesonderten Anlaß für ein Mitarbeitergespräch. Das Mitarbeitergespräch über die Mitarbeiter-Bilanz soll für den nötigen Aufwind für das neue Jahr sorgen.

072 Kommentar aus Nr. 5/89	Anerkennungsformen – Eine Basis für erfolgreiches Führen und Verkaufen

Führungskräfte und Verkäufer ‚steuern' ihre Kommunikationspartner mit sehr unterschiedlichen sprachlichen Reizen. Die Reaktion erfolgt oft direkt: Der Volksmund spricht dazu ‚Wie man in den Wald hineinruft, so schallt es auch wieder zurück!'. Daraus folgen zwei wichtige Verhaltensregeln:

- Sprechen Sie positiv mit Ihren Mitarbeitern und Kunden!
- Verwenden Sie Anerkennungen im Führungs- und Verkaufsverhalten!

Positive Zuwendungen wie eine freundliche Geste, eine nette Begrüßung oder ein ehrliches Kompliment drücken dem Gegenüber ‚Sie sind o. k.' aus. Der Gesprächspartner wird akzeptiert; die positive Zuwendung bestärkt ihn. So klar dieser Zusammenhang auch erscheint, positive Zuwendungen werden in unserem Kulturkreis und besonders im bankbetrieblichen Alltag viel zu wenig eingesetzt.

Negative Zuwendungen drücken ‚Sie sind nicht o. k.' aus. Abwertungen und Mißbilligungen sagen dem anderen ‚Ihre Person und Ihre Interessen sind (für mich) unwichtig'. Negative sprachliche Zuwendungen hören Sie bei vielen Gesprächen mit Mitarbeitern und Kunden:

- „Sie irren sich bestimmt, wenn Sie sagen ..."
- „Ihre Konditionsvorstellungen sind (total) überzogen."
- „Das trifft auf keinen Fall zu."
- „Und das soll ich Ihnen wirklich glauben?"

Wählen Sie im Gegensatz zu diesen negativen Aussagen unter den vier Anerkennungsformen:

1. Positive bedingungslose Anerkennung
   Die Äußerung ist für den Gesprächspartner ohne eine Einschränkung positiv. Beispielsweise: „Ich schätze Sie", „Ich teile Ihre Ansichten", „Ich arbeite gerne mit Ihnen zusammen." oder „Ich berate Sie gerne"
2. Positive bedingte Anerkennung
   Auch bei dieser Anerkennungsform ist die Äußerung positiv für den Gesprächspartner; sie ist allerdings mit einer Bedingung verbunden:

„Ich schätze Sie, wenn Sie schnelle Entscheidungen treffen", „Ich teile Ihre Ansichten, unter der Bedingung, daß ... eintritt", „Ich arbeite gerne mit Ihnen zusammen, wenn Sie die Kundengruppe XY übernehmen" oder „Ich berate Sie gerne, wenn Sie mir alle Unterlagen mitbringen."

3. Negative bedingte Anerkennung
   Die Äußerung ist für den Gesprächspartner negativ und mit einer Bedingung verbunden: „Es gefällt mir nicht, wenn Sie wichtige Entscheidungen verzögern" oder „Ich kann Sie leider nur beraten, wenn Sie mir alle Unterlagen mitbringen."
4. Negative bedingungslose Anerkennung
   Die Äußerung ist jetzt für den Gesprächspartner ohne jegliche Einschränkung negativ: „Ich schätze Sie nicht", „Sie sind ein schwieriger Mitarbeiter" oder „Ich werde Sie nicht beraten."

Hoffentlich haben die Anerkennungsformen 3. und 4. in Ihrem Einflußbereich keine größere Bedeutung. Leider kommt es für Mitarbeiter und Kunden im Alltag noch viel schlimmer: Sie erfahren statt negativer bedingter oder negativer unbedingter Anerkennung gar Nichtbeachtung.

Sie kennen sicher aus eigener Erfahrung das Gefühl, übersehen und/oder nicht beachtet zu werden. Noch deutlicher wird die Nichtbeachtung nach Ankündigungen wie „Ab sofort sind Sie für mich Luft!". –

Weitverbreitet sind auch Führungsgrundsätze wie ‚So lange Sie nichts von mir hören, ist alles in Ordnung' oder Verkaufsregeln wie ‚So lange alles glatt läuft, brauchen wir nicht miteinander zu sprechen'. Sicher ersparen solche Grundsätze und Regeln kurzfristig Energie und Zeit; doch leidet die Kommunikation und damit auch die Beziehung zwischen den jeweiligen Gesprächspartnern.

Mitarbeiter und Kunden suchen positive Anerkennung: bedingt und auch bedingungslos.

In vielen Gesprächen werden negative bedingte Anerkennungen unbewußt verwendet. Ohne den sachlichen Rahmen zu ändern, ist die Verwendung positiver bedingter Anerkennungen möglich:

Statt: „Es gefällt mir nicht, wenn Sie Termine nicht einhalten."

Besser: „Ich würde mich sehr freuen, wenn Sie künftig die Termine einhalten."

Statt: „Sie sind als Kunde weniger interessant, wenn keine Umsätze über das Kontokorrentkonto laufen."

Besser: „Sie verbessern Ihre Verhandlungsbasis erheblich, wenn Sie über das Kontokorrentkonto Umsätze laufen lassen."

Mit positiven unbedingten und bedingten Anerkennungsformen werden Sie in Mitarbeiter- und Verkaufsgesprächen gezielt positive Reaktionen erzielen.

073 Tip 147 aus Nr. 12/88 Tip 131 aus Nr. 9/88	Ist Lob mit viel Geld verbunden?

Meistens glaubt man, daß Lob mit Sach- oder Geldwerten verbunden sein muß. Zumindest eine Flasche Sekt oder ein Imbiß oder ein Abendessen muß gezahlt werden, sonst ist es kein Lob. Das mag vielleicht für das Feiern eines Gruppenerfolges notwendig sein, weil man sich dadurch zusammensetzt und nochmals darüber spricht. Es trifft hingegen für Einzelpersonen meist nicht zu.

Die meisten Mitarbeiter bringen gute, oft subjektiv für sie selbst darüber hinausgehende, überdurchschnittliche Leistungen. Und jeder Mensch strebt nach Anerkennung, daß dies überhaupt bemerkt wird. Ist das nicht der Fall, wird sich der Mitarbeiter fragen, wozu er sich bemüht, wenn es ohnehin niemandem auffällt. Wird es jedoch von Ihnen als Chef bemerkt, so wird sich der Mitarbeiter bemühen, diese Leistung so schnell wie möglich zu wiederholen.

Daher wichtig für Sie:

Nicht eine Kiste Sekt schenken, sondern zeigen Sie das Erkennen guter Einzelleistungen und die Anerkennung in der verbalen Ansprache:

„Herr Müller, ich habe gesehen, daß Sie den schwierigen Kunden Maier zufriedenstellen konnten."

„Herr Müller, es hat mir gefallen, wie Sie dieses Beratungsgespräch mit Frau Huber geführt haben."

„Herr Müller, ich danke Ihnen, daß Sie heute mittag die Prospekte geordnet haben."

Eine verbale Anerkennung („im Vorbeigehen") pro Tag für jeden Ihrer Mitarbeiter ist für diesen ein Höhepunkt des Tages, der ihn weiter anspornt.

Wie Lob zur Kritik wird

Aber auch loben will gelernt sein. Ein Beispiel, wie gut gemeintes Lob zur Kritik wurde. Ein Geschäftsstellenleiter kam vom Urlaub zurück und bedankte sich bei seiner Mannschaft für die gute Arbeit, die während seiner Abwesenheit geleistet wurde, und für die schönen Verkaufsergebnisse, die erzielt wurden. Sodann hob er aber einen Mitarbeiter der Gruppe hervor (Stellvertreter, Gruppenleiter, ein Berater mit besonders guten Zahlen etc.): „Und insbesondere möchte ich Herrn Müller danken, dessen besonderer Einsatz diese Ergebnisse überhaupt erst möglich gemacht hat."

Ohne daß der Geschäftsstellenleiter ein konkret negatives Wort gesagt hatte, wurde mit diesem Hervorheben eines einzelnen das Lob für die anderen der Gruppe in Kritik umgewandelt.

Das bedeutet: In einem solchen Fall ist die gesamte Gruppe zu loben; Einzellob hingegen muß dann im Einzelgespräch erfolgen.

Auch beim Loben müssen Sie immer vorher überlegen, welche Reaktionen dadurch ausgelöst werden.

074 Tip 223 aus Nr. 4/90	Fehler sind erwünscht!

Ja, Sie lesen richtig. Fehler können auch in Kreditinstituten erwünscht sein. Gemeint sind natürlich keine absichtlichen Fehler in der Zinsrechnung, bewußte Beratungsfehler oder Fehler bei der Bearbeitung von Routinebelegen. Gemeint sind die kleinen Unzulänglichkeiten bei der ersten Durchführung einer neuen Aufgabe.

Selbstverständlich ist das fehlerfreie Bearbeiten und Erledigen von neuen Aufgabenstellungen noch schöner für die Führungskraft und auch für den Mitarbeiter. Dennoch muß sich ein Geschäftsstellenleiter den Mut zu kleinen Fehlern bei seinen Mitarbeitern wünschen. Viel unangenehmer wäre vor allem das Drücken vor und das Verzögern neuer zusätzlicher Aufgaben aus Angst vor wahrscheinlichen Fehlern.

Besonders das Einräumen von weiteren Handlungsspielräumen für die Mitarbeiter wird zwangsläufig zu (Anlauf-)Fehlern führen. Jeder einzelne Fehler zeigt zumindest die Aktivitäten des Mitarbeiters, jeder Fehler gibt Gelegenheit zu einem ergänzenden Gespräch mit nachfolgender Unterstützung. Damit sind Fehler eine Chance der Mitarbeiterförderung.

In vielen Banken und Sparkassen wird ironisch der Grundsatz zitiert: ‚Wer keine Fehler macht, wird befördert!'. Und als Konsequenz entsteht eine Kultur des Alten und Bewährten; Ideen und Initiativen sind oft risikobehaftet und somit fehleranfällig. Ideen und Initiativen leiden dauerhaft.

Fehler sind bestimmt nicht erwünscht, wenn es sich um

- (all)tägliche Vorgänge,
- hohe Geldbeträge,
- wichtige Kunden und
- Nachlässigkeit oder gar Absicht

handelt. Fehler sind allerdings erwünscht (besser: erlaubt!), wenn

- Verkaufs- oder andere Tests anstehen,
- neue Erfahrungen gesammelt werden sollen,
- zusätzliche Handlungsspielräume eingeräumt werden und
- wenn Kreativität ausgelebt werden soll.

Ihre Mitarbeiter gehen nach einer Botschaft ‚Fehler sind erwünscht!' angstfreier und zuversichtlicher an neue Aufgaben.

075 Tip 140 aus Nr. 10/88	Welcher Mitarbeiter ist der beste Verkäufer?

Sie haben drei Mitarbeiter zu führen, die von der Aufgabenstellung und der Arbeitsbelastung her vergleichbare Voraussetzungen haben. Sie erfassen bei Ihren Verkäufen regelmäßig die Zahl der Kundenansprachen und die Zahl der Abschlüsse. Folgendes Ergebnis liegt Ihnen beispielsweise vor:

Mitarbeiter	Zahl der Kundenansprachen	Abschlüsse
A	35	20
B	20	16
C	12	3

Welcher Mitarbeiter ist der beste Verkäufer?

Der mit den meisten Abschlüssen, also A?
Der mit der besten Quote Ansprachen zu Abschlüssen, also B?
Sicher nicht C.

Die Antwort auf diese Frage ist schwer, eine Entscheidung fairerweise zwischen A und B kaum möglich. Beide können diese Wertung aus ihrer Sicht mit Recht für sich beanspruchen. Sie selbst können nur dann fair entscheiden, wenn Sie im vorhinein festgelegt haben, was für Sie entscheidend ist.

- Die absolute Abschlußanzahl?
- Die Effizienz Ansprachen zu Abschlüssen?
- Beides?

Mit welchem Mitarbeiter würden Sie reden und warum?

Mit allen drei Mitarbeitern!

Mit A: Gratulation zu den vielen Ansprachen und Abschlüssen! Wie kann es gelingen, seine vielen Ansprachen zu noch mehr Abschlüssen zu bringen?

Mit B: Gratulation zu der hervorragenden Quote Ansprachen zu Abschlüssen! Wie kann es gelingen, die Ansprachen zu steigern und damit auch die Abschlüsse?

Mit C: Keine Gratulation, aber zumindest Eingehen auf sein Bemühen! Mit welchen Argumenten bei welchen Kunden hat er seine drei Abschlüsse erzielt und wie kann man dies für weitere Ansprachen umsetzen?

Was geschieht, wenn Sie mit keinem der drei Mitarbeiter reden oder nur mit einem?

Einerseits fehlt die Anerkennung für A und B, andererseits die Konsequenz bei C. Alle drei Mitarbeiter, vor allem A und B, werden in ihrer Leistung nachlassen, weil niemand auf die persönlichen Ergebnisse eingeht. Damit erfolgt eine Nivellierung nach unten.

Gezielte Mitarbeitergespräche über deren persönliche Verkaufsergebnisse erhöhen letztendlich die Verkaufserfolge Ihrer Geschäftsstelle. Für jeden der drei Verkäufer sind neue Ziele zur Produktivitätsverbesserung ableitbar. Vereinbaren Sie diese Ziele auch tatsächlich. Nur so entwickeln Sie Ihre Mitarbeiter weiter.

076 Kommentar aus Nr. 11/88	Nächsten Montag um 15.00 Uhr motiviere ich meine Mitarbeiter!

Nun, so leicht geht das leider nicht. Motivation kann man nicht ansetzen oder über „Knopfdruck“ ausüben. Motivation ist ein vielschichtiger Prozeß. Wenn man von Motivation spricht, so ist dies keine Taktik, die man bei Gebrauch einsetzen kann, sondern auch ein Ergebnis aus zwischenmenschlichen Beziehungen. Man kann auch sagen: Motivieren heißt, die Erwartungen der Mitarbeiter zu erfüllen.

Welche Erwartungen stellen Ihre Mitarbeiter an Sie?

1. Information
   Geben Sie Informationen „von oben“ an Ihre Mitarbeiter weiter? Informieren Sie bei Aktivitäten über geschäftspolitische Schwerpunkte? Nur wenn Ihre Mitarbeiter über die Gründe solcher Schwerpunkte Bescheid wissen, können sie diese auch sinngemäß umsetzen. Informationen sollten persönlich im Rahmen von Mitarbeiterbesprechungen vermittelt werden.
2. Kommunikation
   Wann haben Sie das letzte Mal mit Ihren Mitarbeitern ein Gespräch geführt? Täglich, werden Sie sagen. Sicher ja, aber dann meist über das Tagesgeschäft, aktuelle Probleme oder konkrete Arbeitsanleitungen. Wir meinen damit die bewußte Kommunikation:
   - Das Mitarbeitergespräch über die Erwartungen, die Sie stellen; das Gespräch über die Leistungserfüllung; das Gespräch über die Entwicklung und Förderung eines Mitarbeiters. Diese Gespräche müssen geplant und vorbereitet sowie ein demgemäßer Zeitrahmen dafür vorgesehen werden.
   - Die Mitarbeiterbesprechung über Verkaufsergebnisse, Verkaufserfolge, über neue Aktionen, über neue Produkte, über Verkaufsargumentation, über Verhalten gegenüber Kunden, über ablauforganisatorische Verbesserungen usw. Auch diese Besprechungen sollten geplant und vorbereitet sowie in regelmäßigen Abständen gehalten werden.

3. Delegation
Das Übertragen von Verantwortung erhöht die Leistungsbereitschaft und schafft Freiräume für die Mitarbeiter, in denen sie eigeninitiativ und selbständig agieren können. Überlegen Sie, welche Aufgaben Sie an welche Mitarbeiter zusätzlich delegieren können. Insbesondere ist dabei an die selbständige Beratung von zugeordneten Kunden zu denken, aber auch an die Aufgabenübernahme im Rahmen von Verkaufsaktionen oder die Abwicklung von Geschäftsfällen.

4. Vertrauen
Wie entsteht Vertrauen? Durch miteinander gemachte Erfahrungen in guten und schlechten Situationen. Wenn Sie diese Vertrauensbasis zu Ihren Mitarbeitern haben, sind viele bereit, Ihnen zu folgen, ohne die genauen Gründe für Ihr Handeln zu kennen. Weil sie Ihnen eben vertrauen!

5. Anerkennung
Wann haben Sie das letzte Mal einen Ihrer Mitarbeiter gelobt? Oder überhaupt bemerkt, daß es etwas zu loben gibt? Bei Fehlern oder schlechten Leistungen greift man ein. Gute Leistungen nimmt man viel zu leicht als selbstverständlich hin. Achten Sie darauf und zeigen Sie Ihren Mitarbeitern durch anerkennende Worte, daß Sie gute Leistungen bemerken.

6. Anwaltsverhalten
Sind Sie bereit, Ihre Mitarbeiter bei Fehlern zu verteidigen? Nur wer nichts macht, macht auch keine Fehler. Wer Mut zum Handeln hat, risikobereit ist, dem können manchmal auch Fehler passieren. Sprechen Sie mit diesem Mitarbeiter, wie man Fehler vermeiden kann, aber verteidigen Sie ihn nach außen.

7. Zuhören
Versuchen Sie, durch gezielte Fragestellung mehr von Ihren Mitarbeitern zu erfahren. Über ihre Ideen, ihre Vorschläge, ihre Beweggründe, ihre Hoffnungen, ihre Sorgen. Reden Sie selbst weniger, fragen Sie und hören Sie zu. Ihre Mitarbeiter werden sich mehr identifizieren, und Sie haben weit mehr Informationen, um effizienter handeln zu können.

8. Fairneß
Regeln, Normen, die Sie für Ihre Mitarbeiter aufstellen, gelten auch für Sie. Wenn Sie z. B. von Weihnachten bis Anfang Januar eine Urlaubssperre anordnen, dann dürfen auch Sie nicht zu diesem Zeitpunkt in Urlaub gehen.

9. Begeisterungsfähigkeit
„In Dir muß brennen, was Du in anderen entzünden willst“, sagte Augustinus. Hinter einer Sache stehen, sich auf eine Arbeit freuen, an den Erfolg fest glauben, das sind die Führungskräfte, denen man gerne folgen möchte. Auch Ihre Mitarbeiter arbeiten lieber mit einem Optimisten als mit einem Gleichgültigen oder sogar einem Pessimisten.

10. Vorbild
Seien Sie ein Mensch, an dem man sich persönlich und fachlich orientieren kann. Auf allen Gebieten, wo Sie ein entsprechendes Verhalten Ihrer Mitarbeiter erwarten, sollten Sie mit gutem Beispiel vorangehen. Wenn Ihre Mitarbeiter pünktlich sein sollen, seien auch Sie pünktlich. Wenn in Ihrer Filiale starker Kundenandrang ist, so ziehen Sie sich nicht in Ihr Zimmer zurück. Wenn Ihre Mitarbeiter Ziele übernehmen, so übernehmen auch Sie als Filialleiter Ziele, die zu Ihrem Aufgabenbereich passen.

11. Entscheidungen
Trotz Mitsprache Ihrer Mitarbeiter, trotz Delegation von Verantwortung fallen doch immer wieder Entscheidungen an, die durch Sie zu treffen sind. Treffen Sie diese Entscheidungen rasch und konsequent, so wie der Kapitän eines Schiffes, der die Richtung bestimmt, die Geschwindigkeit festlegt, bei Sturm das Kommando selbst übernimmt. Auch in Ihrer Filiale gibt es laufend solche Situationen. Bei entscheidungsschwachen Chefs entsteht Chaos und „Meuterei“. Ihre Mitarbeiter brauchen Sie, damit Prioritäten festgelegt und Entscheidungen getroffen werden.

12. Übersicht
Immer wieder treten unerwartete Situationen ein, wie beispielsweise starker Kundenandrang, EDV-Ausfall, Beschwerden, komplizierte Geschäftsfälle, meist sogar alles zur gleichen Zeit. In diesen Situationen brauchen Ihre Mitarbeiter Sie als ruhenden Pol, der die Übersicht bewahrt und rasch die nötigen Maßnahmen trifft.

13. Problemlösung
Nicht jedes Problem soll durch Sie gelöst werden, aber besonders schwierige. Dann brauchen Ihre Mitarbeiter Sie als Ansprechpartner, den man zu Hilfe holen kann, der die menschliche und fachliche Kompetenz hat.
Wer sonst außer Führungskräften soll schwierige Probleme lösen? Das ist Ihre Aufgabe, und das erwarten auch Ihre Mitarbeiter von Ihnen.

14. Gerechte Arbeitsverteilung
Sie müssen darauf achten, daß der Mitarbeitereinsatz nach Eignung erfolgt. Wenn Sie einen Mitarbeiter mit einer Aufgabe betrauen, bei der er überfordert ist, immer wieder Fehler macht, die andere Mitarbeiter korrigieren müssen, so fällt dies auf Sie zurück. Ebenso erwarten Ihre Mitarbeiter, daß die Arbeitsbelastung in etwa gleichmäßig verteilt wird. Achten Sie auch darauf, daß bei Belastungsschwankungen die Mitarbeiter sich untereinander helfen.

15. Hilfestellung
Und zwar bei der Aufgabenbewältigung. Sagen Sie nicht nur, WAS zu tun ist, sondern helfen Sie Ihren Mitarbeitern beim WIE. Bei der Ansprache von Kunden, bei schwierigen Konditionenverhandlungen, bei komplizierten Geschäftsfällen usw. Signalisieren Sie diese Bereitschaft zur Hilfestellung. Ihre Mitarbeiter brauchen Sie manchmal und trauen sich sonst nicht (aus Angst vor Kritik, warum er das nicht weiß; aus Angst, ungelegen zu kommen usw.). Sie vermeiden dadurch viele Mißerfolge und viele Fehler.

16. Kritik
Und zwar unmißverständlich und zur rechten Zeit.
So wie Sie gute Leistungen anerkennen sollen, müssen Sie auch sagen, was Ihnen nicht gefällt. Auch das erwarten Ihre Mitarbeiter von Ihnen, da sie meist selbstkritischer sind, als wir glauben. Kritik an der eigenen Leistung, aber auch an einzelnen Mitarbeitern, die dem Team schaden.

17. Verständnis
In bestimmten Situationen müssen Sie besonders auf einzelne Mitarbeiter zugehen und auf ihre Probleme eingehen. Es gibt berufliche, insbesondere aber oft private Sorgen, wo Ihr Mitarbeiter Verständnis braucht. Drängen Sie sich nicht auf, bieten Sie aber Ihre Hilfe an. Vielleicht gibt es Lösungsansätze in Ihrem Einflußbereich (also der Arbeit für diesen Mitarbeiter in Ihrer Geschäftsstelle), die dem Mitarbeiter auf eine bestimmte Zeit helfen können.

18. Teamklima
Wenn mehrere Mitarbeiter zusammenarbeiten, so ist es nicht selbstverständlich, daß von Anfang an Harmonie und ein gutes Arbeitsklima bestehen. Dies herzustellen, ist Ihre Aufgabe und wird von Ihren Mitarbeitern erwartet. Sie als Filialleiter können die dazu nötigen Impulse setzen bzw. nötige Klarstellungen treffen. Sie erreichen dies durch Mitarbeiterbesprechungen zu den Themen Arbeitsabläufe,

Zusammenarbeit, Verbesserungsvorschläge etc. Am schnellsten entsteht ein gutes Betriebsklima durch gemeinsame Erfolge, die man dann miteinander feiert. Aber auch das Feiern von Geburtstagen und anderen persönlichen Anlässen ist für ein gutes Teamklima förderlich.

19. Einsatz für die Mitarbeiter
    Wenn es für den einzelnen Mitarbeiter oder für das Team besondere Leistungen gibt, die man erreichen kann, so wird erwartet, daß Sie sich dafür einsetzen. Dies betrifft die Bezahlung (Vorrückungen, Überreihungen, Prämien etc.), persönliche Entwicklungsmöglichkeiten (Schulungen, Seminare, Förderungsprogramme, Karrierewege etc.) oder sonstige Vorteile (z. B. gerechte Bewertung bei Verkaufswettbewerben etc.). Ihr Einsatz dafür muß aber mit Ihrer persönlichen Beurteilung über die Rechtfertigung dieser Wünsche übereinstimmen, d. h. Sie dürfen sich nur bei tatsächlicher entsprechender Leistung dafür stark machen.
20. Lachen
    Eine Führungskraft muß auch mal lachen können. Sich über etwas lustig machen, locker und entspannt sein, sind wesentliche Verhaltensweisen, die Ihnen menschliche Akzeptanz bringen. Ihre Mitarbeiter erwarten, daß Sie ganz einfach „Mensch" sind, Emotionen haben und zeigen und eben manchmal auch mit ihnen lachen.
    Wenn Sie lachen, Ihre Mitarbeiter mit Ihnen lachen, dann macht die Arbeit Spaß und Freude, und nur dann haben Sie Chancen auf Erfolg.

Und es reicht nicht, wenn Sie nur nächsten Montag um 15.00 Uhr lachen oder zuhören oder Vorbild sind. Das ist Ihre tägliche Arbeit, und erst dann können Sie Ihre Mitarbeiter dauerhaft motivieren.

077 Tip 263 aus Nr. 12/90	Sind Sie ein Gewinner?

„Der erfolgreiche Manager verbreitet das Gefühl, ein Gewinner zu sein. Diese Einstellung überträgt sich auf seine Mitarbeiter und auf die Kunden. Ich habe immer den ehemaligen Footballcoach Georg Allen bewundert, der seinen Spielern sagte: ‚Gewinnen heißt leben. Jedesmal, wenn Ihr gewinnt, werdet Ihr wiedergeboren'. Das mag sich etwas übertrieben anhören, aber ich meine, daß der Sieg ein unwahrscheinlich stimulierendes Erlebnis ist."

(Buck Rodgers/IBM)

Ihre Aufgabe als Führungskraft ist es also, Ihre Mitarbeiter zu „Gewinnern" zu machen.

Was kann man denn in einer Geschäftsstelle einer Bank überhaupt gewinnen?

- Zufriedene, erfolgreiche Kunden! Dies dokumentiert sich in Weiterempfehlungen, in geringen Kundenreklamationen etc.
- Gute Geschäftsstellenergebnisse! Dies zeigt sich in guten, überdurchschnittlichen Zuwachsraten bei Volumina und Erträgen.
- Hohe Abschlußziffern bei Verkaufsaktionen! Dies zeigt sich im Vergleich zu anderen Geschäftsstellen, insbesondere im Rahmen von Wettbewerben, Ranglisten etc.
- Lösung schwieriger Problemstellungen! Bei Kundenproblemen, bei internen Problemen, bei schwierigen Produkten etc.
- Wo Sie und Ihre Mitarbeiter sich „überwinden" müssen! Indem Sie Hemmungen, Ängste abbauen und damit Ihre Kunden aktiv ansprechen.

Sie sehen an diesen sicher nicht vollständigen Beispielen, daß Sie und Ihre Mitarbeiter täglich gewinnen können. Sie müssen nur wollen! Und freuen Sie sich über jeden Gewinn!

Erfolge erzeugen Gewinner. Gewinner bringen Erfolge! Erfolge bringen Motivation.

078 Tip 235 aus Nr. 7/90	Ich spreche ohnehin den ganzen Tag mit meinen Mitarbeitern!

Dieses Argument seitens der Geschäftsstellenleiter hört man oft, wenn man ihnen empfiehlt, gezielte Mitarbeitergespräche zu führen.

Das stimmt schon, aber worüber redet man miteinander? Über momentane, konkrete Aufgaben, über unmittelbar zu lösende Problemstellungen. Vielleicht bringt man auch noch die eine oder andere Information unter.

Was kommt zu kurz? Ausführliche Gespräche über Erwartungen, Ziele, Aufgaben, Entwicklungsmöglichkeiten, Fortbildungsmaßnahmen, feed back über Mitarbeiterverhalten, Information der Mitarbeiter über die Beurteilung der Erfüllung von Erwartungen und Aufgaben. All das sind keine Kurzgespräche zwischendurch, sondern sollten ausführliche, geplante und vorbereitete Gespräche von beiden Seiten sein.

Planen und fixieren Sie terminlich daher *zumindest* ein Gespräch pro Jahr mit jedem Ihrer Mitarbeiter, wo Sie über die erwähnten Punkte diskutieren. Bei manchen Mitarbeitern werden Sie erkennen, daß auch zwischendurch Gespräche notwendig sind. Übrigens, ein „gutes Gespräch" dauert zwischen einer und zwei Stunden.

Bei diesem Gespräch diskutieren Sie

1. über die Aufgabenerfüllung der letzten Periode
2. über die Arbeitsziele für die nächste Periode und die damit zusammenhängenden Möglichkeiten, Probleme, Erwartungen, etc.

Vereinbaren Sie aufgrund dieses Gespräches ein kurzes schriftliches „Arbeitsprogramm" mit Zielen und Erwartungen, das für den Mitarbeiter und für Sie Grundlage für das nächste Gespräch ist.

Bei jungen Mitarbeitern werden Sie diese Gespräche in kürzeren Abständen führen müssen (anfangs monatlich, später viertel- oder halbjährlich), um die Mitarbeiter in die von Ihnen gewünschte Verhaltensrichtung lenken zu können.

Nur der Mitarbeiter, der weiß, was Sie konkret von ihm erwarten, wird sich orientieren können und auch die dementsprechende Leistung bringen. Wenn Sie dies nicht tun, wäre es unfair, über seine Leistung zu urteilen.

079 Tip 229 aus Nr. 6/90	Ertappen Sie Ihre Mitarbeiter bei guten Leistungen!

Leider sieht der Führungsalltag in Kreditinstituten noch immer recht betrüblich aus: Scheinbar werden Führungskräfte vorwiegend für das Aufspüren von Unzulänglichkeiten, Ungenauigkeiten, schwachen Leistungen, Fehlern usw. bezahlt.

Es hat sich eine Verhaltenskultur eingespielt, bei der vor allem Negatives aufgespürt und besprochen wird, Positives scheint dagegen selbstverständlich und wird entsprechend kaum beachtet. Gipfelpunkt dieser Grundeinstellung sind Aussagen von Führungskräften wie: „Solange ich Ihnen nichts sage, ist alles in bester Ordnung!".

Sehr motivierend sind diese Einstellung und diese Aussage für Bank- und Sparkassenmitarbeiter sicher nicht. Damit wird ein Klima der Fehlervermeidung geschaffen; neue Ideen, kreative Vorschläge, verbesserte Vorgehensweisen werden behindert. Der bessere Weg:

Ertappen Sie Ihre Mitarbeiter immer wieder bei guten Leistungen!

Suchen Sie bewußt deren Nähe, unterstützen Sie Ihre Mitarbeiter, sprechen Sie mit ihnen über deren Aufgaben. Sicher beobachten Sie dabei viele erfreuliche Leistungen:

- Sagen Sie Ihren Mitarbeitern, was Ihnen gut gefällt – Ihre Mitarbeiter werden es gerne beibehalten, die Kollegen werden es übernehmen.
- Sagen Sie Ihren Mitarbeitern, was Ihnen auffällt – Ihre Mitarbeiter werden es bestimmt überdenken, die Kollegen werden es bemerken.
- Sagen Sie Ihren Mitarbeitern, was Ihnen besser gefällt – Ihre Mitarbeiter werden es bald auch versuchen, die Kollegen werden es ebenfalls probieren.

Suchen Sie intensiv nach guten Leistungen Ihrer Mitarbeiter. Auch wenn Mängel und Unzulänglichkeiten viel schneller ins Auge fallen. Bleiben Sie mit Energie dabei. Auch der schwächste Mitarbeiter bringt gute (Teil-)Leistungen. Ertappen Sie ihn dabei und sprechen Sie gerade auch mit ihm. So können Sie Ihre Mannschaft stimulieren und steuern.

Nur wenn Ihre Mitarbeiter wissen, was Sie sich vorstellen, können sie danach gezielt handeln. Durch positive Rückmeldungen werden Ihre Vorstellungen klarer, und die Mitarbeiter gehen motivierter an ihre Aufgaben.

080 Kommentar aus Nr. 4/90	Sind Sie leitender Sachbearbeiter oder sachkundiger Leiter?

Tagtäglich werden an Sie als Geschäftsstellenleiter einer Bank oder Sparkasse sehr unterschiedliche Aufgaben herangetragen: reine Führungsaufgaben, Verkaufsaufgaben und Sachbearbeitungsaufgaben. Der bewußte oder unbewußte Umgang mit diesen einzelnen Aufgaben wirkt auf jeden Ihrer Mitarbeiter. Die Mitarbeiter nehmen Entscheidungen für oder gegen Aufgaben sehr sensibel wahr – obwohl die Führungskräfte diese Beobachtungen selbst kaum wahrnehmen. Mit jeder einzelnen Entscheidung für oder gegen eine einzelne Aufgabe legen Sie den Stellenwert der Aufgabe fest:

- „Das Wichtigste ist die aktive Kundenbetreuung!"

Ein solches Statement einer Führungskraft ist sicher angebracht und kann auch motivierend für das aktive Verkaufen wirken. Hoffentlich entspricht das Motto auch der Realität. Nicht selten stellen Führungskräfte die genannte Forderung gegenüber ihren Mitarbeitern auf und verschwinden umgehend in ihrem Zimmer. Das ist Sachbearbeitermentalität und kein motivierendes Führungsverhalten zum aktiven Verkaufen.

- „Ich habe heute in der Zentrale einen ‚wichtigen' Termin!"

Dieser Satz soll wohl die Bedeutung von Führungskräften gegenüber ihren Mitarbeitern unterstreichen. Natürlich gibt es wichtige Termine mit Kollegen der Zentrale. Wichtiger sind sicher viele Führungs- und Verkaufsaufgaben vor Ort, vor allem aus der Sicht der Mitarbeiter. Wenn die ‚wichtigen' Termine mit der Zentrale noch an hektischen Verkaufstagen – zum Beispiel um Feiertage oder Monatsultimo – anstehen, fehlt den Mitarbeitern das Verständnis. Das verstärkt den Eindruck der Sachbearbeitermentalität und der Innenorientierung.

- „Die Liste XY muß noch bearbeitet werden!"

Listen, Formulare und Statistiken gehören zum Alltag des Bank- und Sparkassengeschäftes. Doch alles zu seiner Zeit. „Ich habe jetzt keine Zeit, weil die Liste XY noch bearbeitet werden muß" ist eine Aussage, die Initiativen zum Verkaufen im Keime ersticken läßt. Das vertieft den Eindruck der Sachbearbeitermentalität und bewertet die Innenorientierung stärker als die Verkaufsorientierung.

Entscheiden Sie sich gezielt gegen den leitenden Sachbearbeiterr, wie er in diesen Beispielen skizziert ist. Entscheiden Sie sich für den sachkundigen Leiter Ihrer Geschäftsstelle:

1. Geben Sie Ihren Mitarbeitern ein Vorbild
2. Suchen Sie die räumliche Nähe zu Ihren Mitarbeitern
3. Geben Sie Unterstützung und Anerkennung
4. Sorgen Sie für motivierende Rahmenbedingungen
5. Nehmen Sie sich Zeit für Ihre Mitarbeiter
6. Handeln Sie auch so, wie Sie sich äußern

Der sachkundige Leiter einer Bank- oder Sparkassengeschäftsstelle entscheidet sich in den oben angeführten Beispielen für

- ... das aktive Verkaufen: Er spricht wichtige und interessante Kunden in der Geschäftsstelle an, er sucht den telefonischen Kontakt zu Kunden oder geht systematisch und kontinuierlich den Weg in die Neukundenakquisition.
- ... seine Geschäftsstelle: Er legt die Termine mit der Zentrale in ruhige Geschäftszeiten, er sucht nach Unterstützung durch die Zentrale für seine Geschäftsstelle, er läßt häufiger die Kollegen der Zentrale in die Geschäftsstelle kommen.
- ... die Kunden und Mitarbeiter seiner Geschäftsstelle: Er stellt wichtige Verkaufs- und Mitarbeitergespräche vor Listen, Formulare und Statistiken, er nimmt sich Zeit und hört bewußt zu, er begründet überraschende zeitliche Entscheidungen und er gibt eigeninitiativ Kunden und Mitarbeitern Alternativen.

081 Kommentar aus Nr. 1/90	Wo stehen Sie mit Ihrer Geschäftsstelle zur Jahrtausendwende?

In wenigen Jahren endet das letzte Jahrzehnt im letzten Jahrhundert des zweiten Jahrtausends unerer Zeitrechnung. Ein Anlaß, einmal über die Zukunft Ihrer Geschäftsstelle, über die Zukunft Ihrer Mitarbeiter und Ihre ganz persönliche Zukunft nachzudenken. Die kommenden Änderungen und Herausforderungen im Kreditgewerbe erfordern nicht nur Reaktionen, sondern auch gezielte Aktionen – das bewußte Gestalten der Zukunft.

Wer nicht weiß, wohin er will, braucht sich nicht zu wundern, wenn er ganz woanders herauskommt!

- Sicher werden Ihnen von Ihrer Geschäftsleitung und von Stabsabteilungen Ziele aufgezeigt, vereinbart oder vorgegeben werden,
- sicher machen Sie sich Gedanken über künftige Entwicklungen und notwendige Veränderungen,
- sicher erhalten Sie Anregungen und Hinweise von Ihren Mitarbeitern und aus dem Kollegenkreis,
- sicher besuchen Sie Seminare, Messen und Kongresse, die Ihnen wertvolle Tips und Hinweise geben, und
- sicher achten Sie auf Empfehlungen und Wünsche Ihrer Kunden.

Doch all diese wichtigen Impulse sind nur Stückwerk. Ihre Mitarbeiter – und auch Sie ganz persönlich – brauchen eine übergeordnete Zielsetzung für den Rest dieses Jahrzehnts. Eine Zielsetzung, die mehr ist als zehn, zwanzig oder dreißig Prozent Volumenszuwachs. Eine Zielsetzung, die sich von den schnell wechselnden Vorgaben und Aktionen abhebt. Eine Zielsetzung, die mit den Rahmenbedingungen Ihres Kreditinstitutes und den Vorstellungen Ihrer Mitarbeiter harmoniert: *Die Vision für das Jahr 2000!*

Spitzenleistungen sind keine Zufallsergebnisse. Sie sind aber auch nicht hundertprozentig planbar. Sie sind allerdings mit hoher Wahrscheinlichkeit erreichbar. Sie sind durch eine Vision für die Geschäftsstelle (und auch das gesamte Kreditinstitut!) forcierbar. Bedeutsam sind, unabhängig vom Inhalt, feste Rahmenbedingungen:

1. Die Dauer der Vision — Steter Wechsel würde für stete Verunsicherung sorgen. Die Richtung muß für Jahre stabil bleiben, der Tageskurs kann flexibel den Aktualitäten angepaßt werden.
2. Die Faszination der Vision — Banale oder überkomplizierte Aussagen strahlen weder Glaubwürdigkeit noch Orientierung aus. Die Vision muß begeistern und ansteckend auf Mitarbeiter und Kunden wirken.
3. Die Identifikation mit der Vision — Hohle Phrasen und modische Sprüche würden Desinteresse hervorrufen. Ist die Vision sach- und gefühlsorientiert, ist die Vision sichtbar, hörbar und spürbar, ist die Vision ein Teil der Mitarbeiter, dann wird sie gewinnend wirken.

Suchen Sie den Gedankenaustausch mit Ihrem Team. Am Ende kann dann die Vision für Ihre Geschäftsstelle stehen. Zum Beispiel:

- Unser Ziel für das Jahr 2000: Die Nr. 1 in unserer Stadt!
- Mehr Service für unsere Kunden – mehr Erfolg für uns!
- Initiative 2000: Heute die Kundenwünsche von morgen erfüllen!

082 Tip 161 aus Nr. 3/89 Tip 173 aus Nr. 6/89	Dominieren Sie die Mitarbeiterbesprechung?

Ein Geschäftsstellenleiter hat einmal nach einer Besprechung seine Mitarbeiter gefragt, wie ihnen die Besprechung gefallen habe. Die Mitarbeiter hatten auf Karten (oder Zetteln) die Gelegenheit, anonym positive oder negative Stellungnahmen abzugeben. Der Geschäftsstellenleiter wollte die Wirkung seiner Besprechung überprüfen, weil er an aktiven, mitdenkenden Mitarbeitern interessiert war.

Eine Antwort lautete (nicht anonym, sondern mit dem Namen der Mitarbeiterin): „Gar nicht, denn es reden ohnehin immer nur Sie!"

Dies führte in dieser Geschäftsstelle dazu, daß bei Mitarbeiterbesprechungen *ein* Besprechungspunkt immer von einem, jeweils wechselnden Mitarbeiter gestaltet bzw. gelegentlich sogar die gesamte Besprechung von einem Mitarbeiter vorbereitet, geleitet und zusammengefaßt wird. Der Geschäftsstellenleiter hält sich bewußt zurück und ist Mitglied der Gruppe.

Wenn Sie Ihre Mitarbeiter bei Mitarbeiterbesprechungen aktivieren, so bringt dies höhere Motivation und Identifikation.

In vielen Fällen erfolgt vor einer Mitarbeiterbesprechung durch den Geschäftsstellenleiter eine schriftliche Einladung (an jeden Mitarbeiter, im Rundlauf, Anschlag am „schwarzen Brett" etc.). Das ist wichtig, weil die Mitarbeiter sich ja auf die Themen vorbereiten sollen. Wenn es sich nicht um ein einziges, ganz konkretes Thema handelt, sondern mehrere Punkte besprochen werden sollen, so bewährt sich als erster Besprechungspunkt die Formulierung:

1. Ihre Besprechungspunkte

Dadurch können die Mitarbeiter gleich zu Beginn jene Punkte „loswerden", die sie bewegen. Ist dies einmal gesagt, dann sind sie offen und aufnehmbar für die nächsten Besprechungspunkte. Andernfalls wird Ihnen nur mit „halbem Ohr" zugehört, weil die Mitarbeiter die ganze Zeit daran denken müssen, wie und wann sie ihre eigenen Punkte noch loswerden können. Mit der Angst im Hinterkopf, daß es heute vielleicht gar nicht mehr möglich ist, was dann letztlich zu Unzufriedenheit führt.

Wenn Sie zuerst die „Sorgen, Probleme“ Ihrer Mitarbeiter ansprechen lassen und dann erst Ihre Besprechungspunkte bringen, so erhöhen Sie die Aufmerksamkeit Ihrer Mitarbeiter.

083 Tip 196 aus Nr. 11/89 Tip 202 aus Nr. 12/89	Öffnen Sie Ihre Geschäftsstelle noch immer eine Minute früher?

Dürfen wir Sie an unseren Tip 040 in unserem 1. Band dieses Buches erinnern? Unter dem Titel „Was kostet Sie eine Minute Großzügigkeit?" haben wir Ihnen empfohlen, „überpünktlich" zu sein und Ihre Geschäftsstelle eine (oder auch zwei, drei) Minute(n) früher zu öffnen. Eine Minute Großzügigkeit kostet Sie nichts und wird von Ihren Kunden positiv vermerkt.

Die Praxis zeigt, daß solche Tips eine Zeitlang umgesetzt werden, sich dann aber wieder Routineverhalten einstellt und man die positiven Vorsätze wieder vergißt. Es wird wieder auf die Minute exakt geöffnet.

Sie als Führungskraft müssen dafür sorgen, daß diese Servicebereitschaft vorhanden bleibt:

- Legen Sie sich einen Erinnerungszettel in Ihre Terminkartei und führen Sie eine regelmäßige Überprüfung durch.
- Erinnern Sie Ihre Mitarbeiter von Zeit zu Zeit (wir empfehlen zumindest einmal im Jahr) an diese Serviceleistungen.

Sie dürfen nicht damit rechnen, daß als positiv akzeptierte Verhaltensweisen künftig auf Dauer beibehalten werden. Neue Mitarbeiter, andere Prioritäten und viele andere Gründe führen zur Einstellung. Nur wenn Sie konsequent bleiben und diese Punkte ständig in Erinnerung rufen, stellt sich der gewünschte Effekt ein.

Übrigens alle Jahre wieder:

Eine neue Kontoauszugsmappe zum Jahresende!

„Alle Kunden, die ein Girokonto haben, brauchen zum Jahresbeginn eine neue Kontoauszugsmappe. Geben Sie den Kunden, die Anfang Januar (oder schon im Dezember) zu Ihnen kommen, unaufgefordert und automatisch eine neue Kontoauszugsmappe mit. Viele Kunden denken nicht daran und werden Ihre Aufmerksamkeit schätzen."

Haben Sie dies getan?

(Siehe Praxistip 027 im 1. Band dieses Buches). Und jetzt wirklich: einen Zettel in Ihre Terminkartei!

084 Tip 182 aus Nr. 8/89	„Ich probiere es einmal“

Eine ganz bestimmte Verhaltensweise einer Mitarbeiterin oder eines Mitarbeiters hat Ihnen weniger gefallen. Sie besprechen deshalb mit den Beteiligten die möglichen negativen Folgen für Ihr Kreditinstitut und die denkbaren Nachteile für den Verkaufserfolg. Dann schlagen Sie eine geänderte Verhaltensweise vor und beenden das Mitarbeitergespräch.

Jetzt sagt Ihr Mitarbeiter zu Ihnen: „Gut, Herr ..., ich probiere es einmal in den nächsten Tagen.“

Wie reagieren Sie darauf?

Hoffentlich antworten Sie Ihrem Mitarbeiter nicht: „Ja, Herr ..., versuchen Sie es einmal in den nächsten Tagen“. Hoffentlich antworten Sie Ihrem Mitarbeiter klar und deutlich: „Herr ..., probieren genügt mir nicht in dieser Situation. Ich erwarte künftig von Ihnen, daß Sie ...“ oder so ähnlich.

Wo liegt der wichtige Unterschied zwischen beiden Antworten?

Die Antwort „Versuchen Sie es einmal“ läßt viele Interpretationen für den Mitarbeiter offen. Das Wort ‚versuchen‘ gibt den Weg eher unklar vor. Mit der Antwort „Ich erwarte von Ihnen, daß ...“ skizzieren Sie eindeutig Ihren Erwartungshorizont. Auch wenn die Aussage hart klingen mag; Sie verdeutlichen das gewünschte Verhalten und geben Ihrem Mitarbeiter Sicherheit und Zuversicht.

Vereinbaren Sie am besten zusätzlich einen Termin zur Sicherung der Vereinbarung mit dem Mitarbeiter. Sprechen Sie bewußt von ‚Sicherung‘ (bewirkt ein positives Gefühl!) und nicht wie üblich von ‚Kontrolle‘ (bewirkt Ängste und Unsicherheit!). Ihre Mitarbeiter kennen so Ihre Erwartungen und werden sich bemühen, diese Erwartungen möglichst zu erfüllen.

Kapitel 6: ARBEITSTECHNIKEN

085	Tip	Die tägliche Arbeitsplanung
086	Tip	Haben Sie keine Zeit?
087	Tip	Was machen Sie, wenn gerade kein Kunde bei Ihnen ist?
088	Tip	Informationsscheck
089	Kommentar	Welchen Eindruck macht Ihre Geschäftsstelle?
090	Tip	Schreiben Sie mit Profil: Benutzen Sie den Füller!
091	Tip	Niemand außer Ihnen besitzt diese Information!
092	Tip	Checkliste für Kassierer
093	Kommentar	Kundenorientierte Geschäftsbriefe
094	Tip	Reden Sie sich frei!
095	Tip	Schätzen Sie Ihre Kunden?
096	Tip	Wie oft besuchen Sie Ihre 20 Top-Firmenkunden?
097	Kommentar	Verkaufserfolge sichtbar machen
098	Tip	Die persönliche Visitenkarte
099	Tip	Was können Sie verändern?
100	Tip	„Geht heute noch mit der Post an Sie raus!“

085 Tip 243 aus Nr. 8/90	Die tägliche Arbeitsplanung

‚Wer nicht weiß, wohin er will, braucht sich nicht zu wundern, wenn er ganz woanders herauskommt!' lautet eine alte Weisheit, die sicher auch für die Zeit- und Arbeitsplanung gilt. Wer kennt das nicht: Da hat man stundenlang gerackert und dennoch bleibt das sichtbare Arbeitsergebnis hinter dem Einsatz zurück.

Noch immer starten auch viele Mitarbeiter in Kreditinstituten planlos und unsystematisch in einen neuen Arbeitstag. Diese Mitarbeiter werden von außen bestimmt. Sie werden gearbeitet, statt daß sie aktiv ihre Arbeit steuern und bestimmen.

Ein Geschäftsstellenleiter einer Regionalbank hat uns eine Checkliste von einem Seminar über Arbeitstechniken mitgebracht. Sie enthält die täglichen Schritte zur individuellen Planung eines Arbeitstages:

1. Setzen Sie sich Tagesziele
2. Schätzen Sie Ihren Zeitbedarf ab
3. Berücksichtigen Sie Ihren Tagesrhythmus
4. Stimmen Sie Ihre Planung mit Ihren Kollegen ab
5. Beginnen Sie sofort mit dem Wichtigsten
6. Planen Sie Pufferzeiten für Störungen ein
7. Legen Sie rechtzeitig Pausen ein
8. Schaffen Sie sich eher ungestörte Arbeitsblöcke
9. Nehmen Sie eine persönliche Tagesvorschau vor
10. Planen Sie schriftlich
11. Sagen Sie auch einmal „Nein"
12. Nehmen Sie eine Tagesbilanz vor

Auch wenn Sie sich nicht nach allen Punkten dieser Checkliste richten wollen, hat sie ihre Funktion: als persönliche Anregung, als Muster zur Erstellung einer eigenen Checkliste oder als Anregung für Ihre Mitarbeiter.

Ohne systematische Tagesplanung verzichten Sie bewußt oder unbewußt auf bessere Arbeitsergebnisse und -zufriedenheit. Mit einer Checkliste zur täglichen Arbeitsplanung und dem Arbeiten danach wird Ihr Tagesablauf bewußter gestaltet; Sie arbeiten gezielt und werden nicht gearbeitet.

086 Tip 137 aus Nr. 10/88	Haben Sie keine Zeit?

Oft hört man von Geschäftsstellenleitern Klagen über die mangelnde Zeit. Es stimmt schon, es gibt immer mehr Aktivitäten und immer mehr Informationen. Nicht nur im Beruf, auch privat sind wir einer Vielfalt von Möglichkeiten gegenübergestellt. Welche Sportart führen wir aus, welche Veranstaltung besuchen wir? Dazu kommt noch das große Angebot der Kommunikationsmedien.

Wie finden wir uns zurecht? Können wir überhaupt alles machen?

Lichtenberg sagte:

„Die Leute, die niemals Zeit haben, tun am wenigsten."

Er meint damit, daß wir wohl den ganzen Tag viel arbeiten, aber keine wirklich wichtigen Dinge erledigen.

Meistens kommt das Dringende vor dem Wichtigen, und abends fragen Sie sich erschöpft, was Sie eigentlich Befriedigendes getan haben. Sie wurden den ganzen Tag „getrieben".

Werden Sie sich bewußt, daß Sie nicht mehr alles mit gleicher Qualität und Intensität schaffen können. Lernen Sie, mehr Prioritäten zu setzen, z. B.:

1. Dringende und wichtige Aufgabe: Selbst und sofort erledigen!
2. Dringende, aber keine wichtige Aufgabe: Delegieren!
3. Wichtige, aber keine dringende Aufgabe: Terminisieren!
4. Keine dringende und auch keine wichtige Aufgabe: Weglassen!

Selektieren Sie künftig stärker Informationen und Aufgaben nach diesen vier Kriterien. Und haben Sie den Mut zu Punkt 4!

Ein wenig provozierend möchten wir abschließend zu diesem Thema feststellen: „Wer keine Zeit hat, teilt seine Zeit falsch ein!"

Sie werden nicht danach beurteilt, ob Sie alle Informationen gelesen haben, ob Sie alle Arbeitsabläufe kennen, sondern Sie werden lediglich an Ergebnissen gemessen.

Welche Aufgaben können Sie sofort und an wen delegieren?:

Aufgabe:	Wer:
Aufgabe:	Wer:
Aufgabe:	Wer:

087 Tip 209 aus Nr. 1/90	Was machen Sie, wenn gerade kein Kunde bei Ihnen ist?

Sicher ist diese Situation nicht allzu oft gegeben. Aber manchmal doch, vielleicht zu bestimmten Tageszeiten oder an bestimmten Tagen im Monat, kann es der Fall sein.

Was machen Sie bzw. Ihre Mitarbeiter dann?

a) Sie erledigen etwas Manipulatives, etwas Organisatorisches etc.

b) Sie lesen eine Information, ein Rundschreiben etc.

c) Sie warten auf den nächsten Kunden

oder

d) Sie rufen einen Kunden an und führen ein Betreuungsgespräch.

Nur bei d) sind Sie verkäuferisch tätig.

Der Anteil der tatsächlichen, echten Beratungs- und Verkaufszeit eines Kundenberaters ist in Banken sehr niedrig, ca. zwischen 20 und 30 % der zur Verfügung stehenden Gesamtzeit. Die übrige Zeit geht in a) und b) auf.

Wenn also einmal wirklich kein Kunde bei Ihnen ist, so übernehmen Sie nicht automatisch „interne Arbeiten", sondern versuchen Sie zumindest einen Teil dieser Zeit wieder verkäuferisch zu nützen.

Halten Sie daher immer ein paar Telefonnummern von Kunden bereit (wir empfehlen zumindest drei pro Tag), die Sie wieder mal anrufen möchten.

Und setzen Sie sich zum Ziel, zumindest einem Kunden pro Tag auch zu erreichen. Das sind für Sie ca. 200 Betreuungsgespräche pro Jahr.

Gespräche, die sonst nicht stattfinden.

Und wenn Sie diese konsequente Vorgehensweise auch mit Ihren Mitarbeitern vereinbaren, so sind dies je nach Anzahl Ihrer Mitarbeiter ... zusätzliche Gespräche. Sie sehen, es lohnt sich darüber nachzudenken, wie Sie Ihre Zeit nützen.

„Es ist nicht wenig Zeit, die wir haben,
sondern viel Zeit, die wir nicht nützen." (Seneca)

088 Tip 192 aus Nr. 10/89	Informationsscheck

Das ist uns bei einem südwestdeutschen Kreditinstitut aufgefallen: Mit jedem Geschäftsbrief oder mit geschäftlichen Mitteilungen im DIN A4-Langformat erhält der Empfänger per Post einen Informationsscheck. Nach der Entnahme des Briefes liest der Kunde hinter dem Fensterumschlag:

- *INFO-SCHECK*

> ☐ Ja! Ihr Leistungsangebot interessiert mich.
>
> Bitte nehmen Sie Kontakt auf wegen …
> Die oben angekreuzten Themen interessieren mich besonders.

Wenn der neugierige Briefempfänger jetzt den Briefumschlag öffnet, findet er eine Reihe von Ankreuzmöglichkeiten: Beratung, Geldanlage, Kreditgeschäft, Außenhandel, Zahlungsverkehr, Bausparen/Versicherungen und Sonstiges.

Daneben findet sich ein Feld mit der Bitte um persönliche Angaben: Name, Vorname, Straße, Postleitzahl und Ort, Telefon. Neben einer abgebildeten Schere fordert der Text „Bitte ausschneiden und einsenden!"

Der Informationsscheck läßt sich auch auf andere verkäuferische Situationen übertragen:

- ‚Kunden werben Kunden'
  Ziel ist es, Adressen von Interessenten für Bankdienstleistungen zu akquirieren

Alle Informationsschecks erreichen – neben dem konkreten Scheckinhalt – einen wichtigen Eindruck bei den Kunden: Wir beraten Sie gerne und sind an Tips jederzeit interessiert.

089 Tip 169 aus Nr. 5/89	Welchen Eindruck macht Ihre Geschäftsstelle?

Der optische Eindruck Ihrer Geschäftsstelle löst positive oder negative Assoziationen bei Ihren Kunden aus. Leider passiert es immer wieder, daß es etwas unsauber oder unordentlich ist oder etwas nicht funktioniert.

Zwei Beispiele:

1. Sie haben Schließfächer, für Kontoauszüge und/oder für Sparbücher. (Tip 130 aus Nr. 8/88)

   Oft wird vergessen, diese Fächer regelmäßig zu reinigen, und sie sind nach kurzer Zeit voll Staub. Wenn der Kunde dann in das Fach greift und sich die Hände schmutzig macht, so ist er sicher nicht erfreut.

   Sorgen Sie dafür, daß solche Schließfächer regelmäßig gereinigt werden.
2. Sind die Grünpflanzen tatsächlich noch grün? (Tip 197 aus Nr. 11/89)

   Oder schon grau, weil sie völlig verstaubt sind? Hängen die Blätter vielleicht „traurig und verwelkt", weil die Pflanzen schon lange nicht gegossen wurden? Werden „braune Blätter" rechtzeitig entfernt?

   „Dafür haben wir doch jemanden", werden Sie nun vielleicht mit Recht sagen. Das kann schon sein. Trotzdem ist es Ihre Aufgabe, auch darauf zu achten und gegebenenfalls Anweisung zu geben, daß Mängel rasch behoben werden.

Denn für das optische Aussehen Ihrer Geschäftsstelle gegenüber Ihren Kunden sind Sie verantwortlich, auch wenn manche Aufgaben an andere delegiert sind.

Machen Sie aufgrund dieses Beitrages einen „Rundgang" in Ihrer Geschäftsstelle und sehen Sie sich die Grünpflanzen ganz bewußt an. Wir wünschen Ihnen, daß ohnehin alles in Ordnung ist. Andernfalls lösen Sie dieses Problem.

Sie sollten daher bestimmte Punkte regelmäßig kontrollieren, sowohl außerhalb als auch innerhalb der Filiale. Am besten gelingt Ihnen dies anhand einer Checkliste, die Sie in regelmäßigen Abständen ausfüllen. Damit brauchen Sie einzelne Kontrollpunkte nicht ständig in Erinnerung zu behalten, weil Sie durch die Checkliste automatisch darauf hingewiesen werden.

Checkliste: Eindruck der Filiale innen und außen!

Welche Punkte beachte ich:	Kontrolle am	Kontrolle am
1. Saubere Fassade		
2. Saubere Fensterscheiben (Staub, nach Regen usw.)		
3. Kein Schmutz am Gehsteig vor der Geschäftsstelle		
4. Sauberer Windfang, Eingang zur Geschäftsstelle		
5. Schaufenster ordentlich (Staub, tote Fliegen usw.)		
6. Schaufensterplakat aktuell		
7. Kleber und Plakate ohne Wellen, ohne abgerissene Ecken		
8. Leuchtschrift funktioniert (auch abends im Sommer)		
9. Beleuchtung der Auslagen an Jahreszeit angepaßt		
10. Schrift an Eingangstür (z. B. Öffnungszeiten) vollständig (keine fehlenden Buchstaben oder Ziffern)		
11. Prospektständer in der Filiale geordnet		
12. Keine herumliegenden Prospekte, Flugblätter		
13. Keine Papierzettel u. ä. am Boden der Geschäftsstelle		
14. Ausgeleerte Papierkörbe		
15. Ordentliche Arbeitsplätze (keine Kaffeetassen usw.)		
16. Geleerte Aschenbecher		
17. Prospekte sind aktuell		
18. Grünpflanzen gepflegt		
19. Schließfächer sauber		
20.		
21.		
22.		
23.		
24.		
25.		

Ergänzen Sie diese Checkliste um die letzten freigelassenen Punkte mit für Ihre Geschäftsstelle spezifischen Kontrollpunkten. Bei Kontrolle setzen Sie ein +, wenn der Punkt in Ordnung ist, andernfalls ein –. Bei nicht zufriedenstellenden Kontrollpunkten arbeiten Sie gezielt an der Verbesserung, indem Sie Ihre Mitarbeiter informieren und entsprechende Verantwortlichkeiten für die Einhaltung übertragen.

Die gut ausschauende, saubere und ordentliche Geschäftsstelle ist Ihre Visitenkarte.

Welchen Eindruck Ihre Geschäftsstelle auf Ihre Kunden macht, wird noch von weiteren Kriterien beeinflußt. Auch dafür eignen sich Checklisten zur ständigen Beobachtung.

Da ist einmal die Situation, wie der Kunde „empfangen“ wird:

Checkliste: „Kundenempfang“	Beobachtung	
	am	am
1. Wird die Geschäftsstelle eine Minute früher geöffnet?		
2. Wird gegrüßt?		
3. Wird vom Kunden rasch Notiz genommen?		
4. Sind die Arbeitsplätze „geöffnet“ (besetzt)?		
5. Wie findet sich der Kunde zurecht, wenn ein Arbeitsplatz nicht besetzt ist (Kassa, Beratungsplatz etc.)? Wo, wann, von wem wird er bedient?		
6. Gibt es Wartezeiten?		
– an der Kassa		
– am Schnellschalter		
– am Beraterplatz		
7. Wird eine Wartezeit begründet bzw. jedenfalls entschuldigt?		
8. Wird der Kunde zu einem anderen Gesprächspartner weitergeleitet (oder „nur geschickt“)?		
9. Wird der letzte Kunde vor dem Schließen noch serviceorientiert und freundlich empfangen?		
10.		
11.		
12.		

Ergänzen Sie diese Checkliste wieder um einige Beobachtungspunkte aus Ihrer Erfahrung. Wie sieht es zum Beispiel mit einer Schirmablage aus? Wenn es regnet, ist dies der erste suchende Blick, wenn man ein Lokal betritt.

Auch das Verhalten eines Beraters kann anhand einer Checkliste beobachtet bzw. zumindest gelegentlich mit ihm besprochen werden, welche Erwartungen Sie festlegen.

Checkliste: Beraterverhalten im Kundengespräch	Beobachtung	
Welche Punkte beobachte ich?	am:	am:
1. Findet die Beratung am Beraterplatz statt?		
2. Steht am Platz des Mitarbeiters sein Namensschild?		
3. Wird der Kunde mit dem Namen angesprochen?		
4. Stellt sich der Berater dem Kunden mit seinem Namen vor?		
5. Ist das Verhalten des Beraters		
– freundlich?		
– engagiert?		
6. Wirkt der Berater in seinem Auftreten sicher?		
7. Ist die Beratung für den Kunden „verständlich"? (wenig Fachausdrücke)		
8. Wird Prospektmaterial zur Beratungsunterstützung eingesetzt?		
9. Wurden Beispiele gerechnet, angekreuzt?		
10. Wird eine Abschlußempfehlung gegeben?		
11. Wird bei Nichtabschluß eine neue Terminvereinbarung versucht?		
12. Bedankt sich der Berater beim Kunden für den Besuch, für das Vertrauen etc.?		
13.		
14.		
15.		

Sicher sind solche Beobachtungen von Ihnen oft nur subjektiv beurteilbar (freundliches, engagiertes Verhalten zum Beispiel), aber auch Ihre Kunden beurteilen subjektiv. Wenn Sie also das Gefühl haben, bei einem bestimmten Beobachtungspunkt wäre eine Verbesserung notwendig, so sprechen Sie dies ruhig an.

Wenn Sie Beobachtungspunkte erkennen, bei denen nicht nur eine gelegentliche, sondern eine ständige Kontrolle nötig ist, so legen Sie dafür entsprechende Kontrollzettel in Ihre tägliche oder wöchentliche Terminkartei!

Oder Sie reihen einfach einen „gewöhnlichen Merkzettel" jeweils von Termin zu Termin weiter.

Wöchentliche Kontrolle: Geordnete Prospektständer
1. Woche
2. Woche
3. Woche
4. Woche
5. Woche

Tägliche Kontrolle: 1 Minute früher aufsperren
Montag
Dienstag
Mittwoch
Donnerstag
Freitag

Zusammenfassung:

1. Arbeiten Sie mit Checklisten für jene Bereiche, die Ihnen wichtig sind.
2. Definieren Sie dazu die jeweiligen Beobachtungs- und Kontrollpunkte.
3. Besprechen Sie mit Ihren Mitarbeitern, welche Punkte Sie beobachten werden.
4. Legen Sie die Beobachtungstermine fest.
5. Geben Sie die Checklisten in Ihre Terminevidenz.
6. Loben Sie Ihre Mitarbeiter, wenn die Kontrolle in Ordnung ist.
7. Besprechen Sie mit Ihren Mitarbeitern jene Punkte, die verbesserungsbedürftig sind.

8. Delegieren Sie bei Bedarf entsprechende Verantwortlichkeiten an bestimmte Mitarbeiter.
9. Legen Sie sich Kontrollzettel für notwendige häufigere Kontrollen an.

Nur durch konsequentes Verhalten Ihrerseits erzielen Sie längerfristige Verbesserungen und einen höheren Standard. Nur wenn Sie zeigen, worauf Sie Wert legen, was Ihnen wichtig ist, werden sich Ihre Mitarbeiter daran orientieren.

Das Arbeiten mit Checklisten hilft Ihnen dabei.

090 Tip 151 aus Nr. 1/89	Schreiben Sie mit Profil: Benutzen Sie den Füller!

Ihre Kunden erhalten von Ihrem Kreditinstitut im Laufe der Zeit viel Gedrucktes: Unterlagen, Prospekte, Kopien, Abrechnungen, EDV-geschriebene Briefe, Informationsmaterial usw. Natürlich wandert ein Großteil dieses Gedruckten auf direktem Weg in den Papierkorb. Sicher nicht in Ihrem Sinne. – Wie läßt sich die Wertigkeit solcher Mitteilungen erhöhen?

Auf Ihrem Schreibtisch und an Ihrem Beratungsplatz finden Sie ein sehr wirkungsvolles Hilfsmittel zu einem individuelleren Erscheinungsbild von Post: den Füller.

Sie kennen es aus Ihrer eingehenden Korrespondenz: Gedrucktes, oft auch ohne Farbe, Geschäftsbriefe ohne Unterschriften und Formularbriefe werden nur oberflächlich gelesen. Geschäftsbriefe und vor allem halb-persönliche Briefe (Glückwünsche!) mit dezentem Füllereinsatz fallen auf.

Nutzen Sie den Füller, und Ihre Nachrichten an Ihre Kunden werden sofort viel persönlicher, Ihre Nachrichten erhalten einen besonderen Stil. Die individuelle Wirkung durch einen Füller können Sie mit folgenden Maßnahmen erzielen:

- Handschriftliche Adressierung (auf dem Briefumschlag oder sichtbar durch den Fensterumschlag),
- handschriftliche Anrede („Sehr geehrter Herr Köhler," oder Anreden nach persönlicher Vertrautheit: „Lieber Herr Köhler,"),
- handschriftlicher Gruß („Mit freundlichem Gruß" oder Grüßen nach persönlicher Vertrautheit: „Herzliche Grüße aus –Ort– sendet Ihnen Ihr –Name–"),
- handschriftliches PS (nach dem Gruß und dem Firmenblock am Ende des Briefes),
- handschriftliches individuelles Zahlenbeispiel (als Ergänzung zum eigentlichen Text mit Ergänzungen wie „Das bedeutet für Sie …") und/oder
- handschriftliche Aufforderung zur Reaktion („Bitte rufen Sie mich noch vor dem … an").

Wählen Sie für Ihren Füller königsblau als Farbe. Ihre Korrespondenz wirkt individuell; Briefe werden aufmerksamer gelesen, sie werden aufbewahrt, und die Kundenreaktionen erhöhen sich.

091 Kommentar aus Nr. 9/90	Niemand außer Ihnen besitzt diese Information!

Als Bank stehen wir nicht nur im Wettbewerb mit anderen Banken, sondern im Grunde genommen mit allen anderen Branchen.

Denn es geht um „das frei verfügbare Einkommen“ der Menschen. Jedes Unternehmen will einen Teil davon für seine Produkte, für seine Dienstleistungen.

Der Kunde muß entscheiden, ob er Teile dieses frei verfügbaren Einkommens für ein Abendessen im Restaurant, für eine Reise, für den Kauf von Möbeln etc. verwendet.

Und auch wir als Bank möchten einen Teil als Anspar- oder Absparleistung oder als Entgelt für eine Dienstleistung zu uns leiten.

Dabei haben Sie nun jedoch einen entscheidenden Konkurrenzvorteil.

Nur Sie kennen das monatliche Einkommen des Kunden!

Eine Information, für die andere Branchen viel Geld zahlen würden. Was machen Sie mit dieser Information? Mit diesem Konkurrenzvorteil?

Das Einkommen Ihrer Kunden sollte die Basis für eine Kundensegmentierung sein. Denn je nach Einkommenshöhe können schwerpunktmäßig verschiedene Bedarfe bestehen, auf die Sie Ihre Produktangebote abstimmen müssen.

In jedem Kundengespräch bezüglich Geldanlage bzw. Finanzierung ist die Einkommenshöhe in Relation zur Höhe des Anlagebetrages oder der Ratenhöhe zu setzen. Sie können diese Höhe im Beratungsgespräch entsprechend steuern.

Wie gehen Sie vor?

1. Beginnen Sie, Ihren Kundenstock nach Einkommenshöhe zu differenzieren:
   a) Kunden mit hohem Einkommen
   b) Kunden mit mittlerem Einkommen
   c) Kunden mit niedrigem Einkommen

Die jeweiligen Betragshöhen legen Sie nach Ihrer Markt- und Kundensituation fest.

2. Nach dieser „groben“ Einteilung überlegen Sie, wie die Bedürfnisse und damit die Produktnutzung bei den jeweiligen Kundengruppen aussehen könnte/sollte
   Zum Beispiel bei Kunden mit höherem Einkommen:
   - Kreditkarte
   - Wertpapierdepot
   - Eigenheimfinanzierung?

   etc.
3. Dann vergleichen Sie bei den einzelnen Kunden SOLL/IST-Produktnutzung. Halten Sie fehlende Produkte auf der Kundenkartei fest.
4. Nun haben Sie die Information je Kunde für eine gezielte Ansprache und ein konkretes Angebot. Setzen Sie sich konkrete Ziele (pro Tag, Woche, Monat), welche und wieviele Kunden Sie aktiv ansprechen wollen.

Nützen Sie Ihren Informationsvorsprung!

092 Tip 174 aus Nr. 6/89	Checkliste für Kassierer

Kundenorientiertes Verhalten ist auch an jeder Kasse von Banken und Sparkassen gefordert. Wir verwenden in verkaufsorientierten Trainings für Kassierer die folgende Checkliste. Sie kann Führungskräften als Hilfsmittel zur verkäuferischen Weiterentwicklung von Kassierern sowie als Checkliste für jeden Kassierer zur Überprüfung des eigenen Verhaltens dienen.

- Kunden sofort begrüßen und nach dessen Wünschen fragen
- Für schnelle und sorgfältige Erledigung der Wünsche sorgen
- Bei Hochbetrieb ‚Zwischenbescheid' durch Gruß/Blickkontakt geben
- Kunden mit Namen und Titel ansprechen
- Namensnennung und Blickkontakt gehören zusammen
- Kunden im Sie-Stil („Sie", „Ihnen", „Ihre") ansprechen
- Kundenwunsch bestätigen und möglichst schnell erledigen
- Kunden aktivierend zuhören (nicken, reagieren, Lautmalerei)
- Zwischeninformationen bei Verzögerungen geben
- Nichterfüllbare Wünsche: bedauern, begründen und machbare Alternativen anbieten
- Fehler entschuldigen („Ich entschuldige mich bei Ihnen für ...")
- Bank-Chinesisch durch kundennahe Sprache ersetzen
- Bei Problemen: Lösungen mit Führungskräften und Kollegen finden
- Bei Störungen (z. B. Telefon, Kollege): beim Kunden entschuldigen
- Bei Kompetenzüberschreitung: weiterleiten an Kollegen
- Beim Überreichen von Vordrucken: „Bitte" und „Danke"
- Nach Unterschriften und Überreichen: „Danke"
- Bei Anfragen: klare Auskunft über zuständige Stellen
- Möglichkeiten der Überleitung von Kunden zum Beratungsgespräch erkennen und nutzen
- Bei Überleitungen: Vorstellung von Kunde und Kollege, Kundenwunsch nennen
- Privatgespräche/-telefonate sofort unterbrechen
- Für Reklamationen Verständnis aufbringen und bedanken
- Abfällige Äußerungen, Gestik und Mimik über Kunden unterlassen
- Lautes Lachen, Kichern oder Rufen vermeiden
- Interne und persönliche Probleme nicht aktiv ansprechen

- Versprechen erfüllen
- Unsicheren Kunden (Schwellenangst) helfen
- Diskretion wahren
- Nicht erfüllbare Sonderwünsche: alternative Vorschläge machen
- Kunden freundlich verabschieden

Wenn Kassierer diese Checkliste beachten, werden sie sensibler für kundenorientiertes und verkäuferisches Verhalten in der Kasse.

Übrigens: Wer hat in Ihrem Kreditinstitut den häufigsten Kontakt zu Kunden? – Natürlich ist es der Kassierer mit seinen vielen kurzen Kontaktchancen.

093 Kommentar Serie in Nr. 9/90–3/91	Kundenorientierte Geschäftsbriefe

Briefe bestimmen – neben der persönlichen Kommunikation – noch immer wesentlich das Erscheinungsbild von Kreditinstituten bei deren Kunden. In den letzten Jahren hat sich der ‚typische Bankbrief' gewandelt: vom Verwaltungs- und Kanzleistil hin zu einem service- und kundenorientierten zeitgemäßen Briefstil. Sie erhalten hier einen Überblick über die einzelnen Gestaltungsmöglichkeiten von Geschäftsbriefen. Dabei werden

- die äußere Form des Geschäftsbriefes,
- der Briefaufbau,
- der Einstieg in einen Brief,
- der kundenorientierte Briefstil,
- die zeitgemäße Wortwahl,
- der Ausstieg aus dem Brief und
- die verschiedenen Sonderbriefformen

in den folgenden Abschnitten behandelt. Die Hinweise gelten vor allem für individuelle Briefe. Sie sind alle auf gespeicherte Briefe (Textverarbeitung, Musterbriefe, Formbriefe) von Banken und Sparkassen übertragbar.

1. Die äußere Form des Geschäftsbriefes

Jeder einzelne Brief eines Kreditinstitutes wirkt wie eine Visitenkarte. Zuerst wird die gesamte Erscheinung des Briefes, die äußere Form, begutachtet, dann erst der Briefinhalt. Zusätzlich werden Briefe von Banken und Sparkassen – wie Visitenkarten – oft lange aufbewahrt.

Wie sieht eine zeitgemäße äußere Form eines Geschäftsbriefes aus?

- Ihr Kunde erwartet einen fehlerfreien Brief von Ihnen; fehlerfrei gilt hier für den Inhalt und die Form (Schreibfehler)
- Die Schreibtechnik muß stimmen: Eine Kugelkopf- oder Typenradschrift ist einer (oft schwer lesbaren) Computerschrift vorzuziehen;

alte Schreibmaschinenschriften mit durchgeschlagenen A- und O-Zeichen entsprechen sicher nicht mehr einem dynamischen Erscheinungsbild unserer Tage

- Ihr Kunde erwartet einen sauber geschriebenen Text: Flecken, deutlich sichtbare Verbesserungen oder gar handschriftliche Ergänzungen wirken nachlässig
- Der Brief soll übersichtlich sein: Übertreiben Sie Hervorhebungen, Einrückungen und andere Gestaltungselemente nicht
- Ihr Kunde fragt ganz sicher nach dem Absender: Machen Sie deutlich, wer den Brief schreibt (z. B. Herr Müller oder besser Hans-Jürgen Müller); vergessen Sie dabei nicht die Telefondurchwahl
- Trennen Sie sofort sichtbar Wesentliches von Unwesentlichem: Beiwerk, Nebensächlichkeiten und Ergänzungen belasten den Brief; fügen Sie Material als Anlage bei
- Ihr Kunde erwartet Lesehilfen von Ihnen: Übertreiben Sie es nicht mit der Satzlänge und gliedern Sie den Brief in überschaubare Abschnitte
- Orientieren Sie sich an der DIN-Norm 5008 ‚Regeln für Maschinenschreiben'; natürlich sind institutsspezifische Abweichungen im Sinne eines einheitlichen Erscheinungsbildes für Ihr Kreditinstitut möglich.

Wechseln Sie möglichst nicht zu oft die äußere Form des Briefes (Schriftbild, Hervorhebungen, Textmenge usw.). Ihr Kunde soll beim flüchtigen Blick auf Ihre Briefe sofort ‚im Bild' sein.

2. *Der Briefaufbau*

Das Standard-Briefformular ist Ihnen von Ihrem Kreditinstitut vorgegeben. Es enthält Markierungen für die rationelle Anordnung des Geschäftsbriefes. Nach dem Adressenfeld folgt (oder steht daneben) die Bezugszeile oder das Bezugsfeld. Der Bezug gibt dem Briefempfänger Antworten auf die Fragen:

- Wer schreibt mir diesen Brief (Absender mit Vorname)?
- Wann wurde er geschrieben (Datum)?
- Welche Funktion hat der Briefschreiber (Kundenbetreuer o. ä.)?
- Wie ist er telefonisch erreichbar (Telefondurchwahl-, Telefaxnummer usw.)?
- Auf was bezieht sich der Brief (Ihr Zeichen, unser Zeichen)?

In der Betreffzeile wird dann der Kerninhalt des Briefes angekündigt. Das Wort „Betreff“ wird nicht mehr geschrieben; die Betrefformulierung sollte nicht zu nüchtern („Kreditantrag vom ...“), sondern schon kundenorientiert („Ihr Kreditantrag“) ausfallen. Der Betrefftext hat vergleichbar die Funktion einer Artikelüberschrift in einer Zeitschrift.

Der eigentliche Brief beginnt mit einer persönlichen Anrede des oder der Kunden. Meiden Sie alle unpersönlichen Anreden wie „Sehr geehrte Damen und Herren“, „Sehr geehrte Kunden“ oder „Sehr geehrter Geschäftsfreund“. Verwenden Sie „verehrte“ nur bei tatsächlicher Verehrung – sonst ist diese Floskel veraltet.

Nach der persönlichen Anrede folgt der Kernbrief. Fragen Sie sich immer: Was will mein Adressat, was will der Kunde zuerst lesen? – Es ist meistens eine positive Botschaft und keine leere Einstiegsfloskel. Nach den inhaltlichen Ausführungen endet dann der Brief mit einer eindeutigen Handlungsanweisung an den Empfänger.

Mit der Grußformel – „Mit freundlichen Grüßen“ oder „Mit freundlichem Gruß“ endet dann der Brief. Nach dem Institutsblock erscheinen zwei – möglichst lesbare – Unterschriften. Die Namen der Unterschriftsträger werden linksbündig, wie der gesamte Brief, angefügt. Anlagenhinweise und die Kennung der Folgeseite vervollständigen den kundenorientierten Briefaufbau.

3. Der Einstieg in den Brief

Der Briefbeginn bestimmt wesentlich das Leseklima. Steigen Sie deshalb nicht mit banalen und abgegriffenen Formulierungen oder gar mit Ermahnungen ein.

Nicht: „Wir beziehen uns auf das Telefonat vom ...“
Nicht: „Wir bestätigen den Eingang des Schreibens vom ...“
Nicht: „Bezugnehmend auf ... teilen wir Ihnen mit ...“
Nicht: „Das Schreiben vom ... haben wir mit Post ... erhalten“
Nicht: „Leider ist unser Schreiben vom ... immer noch nicht beantwortet“

Ihr Briefbeginn sollte den Briefempfänger auf dem direktesten Weg für die Sachaussagen öffnen, fesseln oder gar faszinieren.

Wie erreichen Sie einen solchen Briefbeginn?

1. Danken Sie in allen Variationen!

- „Vielen Dank für Ihren ... (Brief, Anruf, Besuch, Wunsch, Hinweis, Antrag)“

- „Für Ihre/n … (Information, Post, Faxnachricht, Vorschlag) danken wir Ihnen“
- „Ihr Interesse an … freut uns. Vielen Dank“
- „Herzlichen Dank für …“

2. Verwenden Sie den Sie-Stil statt den Wir-Stil!
Stellen Sie Ihre Adressaten stilistisch in den Briefmittelpunkt: Aus „Wir weisen Sie darauf hin …“ wird „Beachten Sie bitte …“, aus „Wir bedanken uns für Ihren Anruf“ wird „Vielen Dank für Ihren Anruf“ oder aus „Dankend haben wir den Brief vom … erhalten“ wird „Sie erhalten, wie in Ihrem Brief vom … gewünscht, …“

3. Wiederholen Sie nicht den vorangegangenen Kundenbrief!
Statt: „Wir erhielten Ihr Schreiben mit der Bitte um einen Alternativvorschlag für …“
Besser: „Vielen Dank für Ihren Brief. Sie erhalten einen Alternativvorschlag für Ihre …“

4. Kommen Sie möglichst bald zur Sache!
- „Sie können sich freuen: Ihre Wertpapiere wurden zur vorzeitigen Tilgung ausgelost …“
- „Vielen Dank für Ihre rasche Antwort auf das Fax“
- „Ihre Ausdauer hat sich jetzt für Sie ausgezahlt: Auf Ihrem Vermögenskonto haben sich inzwischen 120.000,– DM mit Zins und Zinseszins angesammelt“

4. Der kundenorientierte Briefstil

Der kundenorientierte Briefstil setzt den Sie-Stil des Briefeinstiegs fort. Die Frage nach Ich- oder Wir-Stil ist eher untergeordnet. Der dominante Briefstil ist der Sie-Stil, also die vorrangige Verwendung der Wörter „Sie“, „Ihnen“ und „Ihre“.

Statt neutraler Formulierungen („Der Zinssatz beträgt 8 %“, „Der Finanzierungsbetrag …“, „Die Eurocard kostet …“) oder innenorientierter Formulierungen („Wir zahlen 8 % Zinsen“, „Wir stellen einen Finanzierungsbetrag von … zur Verfügung“, „Wir bieten Ihnen die Eurocard für …“) erzielt der kundenorientierte Sie-Stil Vorteile und Nutzen für den Briefempfänger:

- „Sie erzielen mit Ihrem Anlagezertifikat jährlich 8 % Zinsen“
- „Ihre Finanzierung von …“ und
- „Sie erhalten die Eurocard für …“.

Da der übliche Geschäftsbrief von Banken und Sparkassen nach dem Vieraugenprinzip zweifach unterschrieben wird, ist der Wir-Stil nicht vollkommen ersetzbar. Bitte reduzieren Sie, besonders beim Briefanfang, bei Absatz- und bei Satzbeginn den Wir-Stil. Beachten Sie, daß immer mehr Kreditinstitute auch Briefe im Ich-Stil zulassen. Dadurch wird die persönliche Beziehung zwischen Berater und Kunde gestärkt. Der Ich-Stil eignet sich vor allem für halboffizielle Briefe, persönliche Mitteilungen, Kurzmitteilungen und Briefe ohne rechtsverbindliche Aussagen wie Terminbestätigungen oder Begleitschreiben.

Doch generell gilt für kundenorientierte Briefe von Banken und Sparkassen: Nicht der Ich- oder Wir-Stil ist gefragt, sondern der Sie-Stil!

5. Die Wortwahl

Lösen Sie sich vom überholten Verwaltungs- und Kanzleistil der vergangenen Jahrzehnte. Schreiben Sie Ihre Briefe vor allem sachlich und mit zeitgemäßen Begriffen. Orientieren Sie sich dabei an folgenden Regeln:

• Meiden Sie Hauptwörter!

Statt: „Genehmigung", „Übersendung", „... mit der Bitte um Unterzeichnung der Urkunde"

Besser: „genehmigen", „senden" oder „schicken", „Bitte unterzeichnen Sie die Urkunde"

• Meiden Sie Abkürzungen!

Beachten Sie, daß viele Kunden Abkürzungen wie „VL-Leistung", „KWG", „KIS", „KfW" oder „LV" kaum verstehen können. Erklären Sie bei der ersten Verwendung die Abkürzung; zum Beispiel „KB" (= kundenorientierter Briefstil).

• Nutzen Sie Tätigkeitswörter!

Der verbale Stil ist aktiver und dynamischer als Substantivierungen:

Statt: „Nehmen Sie die Überweisung des Betrages von ... vor"

Besser: „Bitte überweisen Sie ..."

• Verwenden Sie zeitgemäße Begriffe!

Oft fällt es schon nicht mehr auf, daß bestimmte Begriffe veraltet sind und in der privaten Sphäre nicht mehr verwendet werden:

Statt: „Bilanz *nebst* G+V-Rechung" oder „... *zwecks* Terminvereinbarung"

Besser: „Bilanz sowie Gewinn- und Verlustrechnung" oder „... zur Terminvereinbarung"

- Erklären Sie Bankfachbegriffe!

Nicht jeder Kunde versteht ‚Bankchinesisch' und damit Wörter wie Disagio, Vorfälligkeitsentschädigung oder Valuta. Übersetzen Sie die Fachbegriffe in eine kundennahe und verständliche Sprache. Dabei helfen Ihnen Übersetzung wie

- „Das bedeutet für Sie …"
- „Das heißt …"
- „Dadurch erzielen Sie …" oder
- „Damit erreichen Sie …".

6. Der Ausstieg aus dem Brief (Briefende)

Auch Sie lesen sicher immer wieder Geschäftsbriefe mit beliebten Schlußwendungen wie „Wir hoffen, Ihnen hiermit gedient zu haben" oder „Für heute verbleiben wir mit freundlichen Grüßen". Das sind 08/15-Formulierungen, die keinen Kunden überzeugen. Damit wird ein besonders herausragender Platz im Brief, der vom Leser stark beachtet wird, vergeudet.

Wie können Sie den Ausstieg aus dem Brief, das Briefende, wirksamer gestalten?

1. Mit einer klaren Handlungsanweisung für Ihren Kunden!

Der Kunde soll sofort wissen, was er nach dem Lesen des Briefes unternehmen soll. Geben Sie ihm deshalb eine klare Handlungsanweisung nach dem Motto ‚Was soll ich jetzt tun?':

- „Bitte rufen Sie an, wenn Sie weitere Informationen benötigen"
- „Senden Sie den ausgefüllten und unterschriebenen Vertrag bis zum … an …"
- „Warten Sie bitte auf die detaillierte Abrechnung"

2. Mit einem persönlichen Schlußsatz!

Sicher ist eine persönliche Bemerkung nicht in jedem Brief möglich. Wo die Chance besteht, sollten Sie sie auch nutzen:

- „Vielen Dank für die sehr angenehme Zusammenarbeit im vergangenen Jahr"
- „Ich sichere Ihnen schon heute sorgfältige Bearbeitung und kontinuierliche Betreuung zu"
- „Wir freuen uns auf Ihre Vorschläge zu …"

3. Mit einer (abschlußorientierten) Zusatzinformation!
Gerade am Ende eines Geschäftsbriefes können Sie noch einmal auf die Dringlichkeit einer Kundenreaktion hinweisen:

- „Nur noch bis zum Ende dieses Monats können Sie diese günstigen Zinssätze erhalten“
- „Diesen Steuervorteil können Sie sich jetzt für die nächsten Jahre sichern“
- „Die Fördermittel sind begrenzt. Stellen Sie Ihren Antrag deshalb möglichst bald“

4. Mit einem Hinweis auf andere Leistungen!
Suchen Sie auch in Briefen gezielt nach Möglichkeiten zum Zusatzverkauf von Bank- und Sparkassendienstleistungen:

- „Kennen Sie schon die speziellen Vorteile des ... (z. B. Leasing)? Herr Wimmer informiert Sie gerne ausführlich“
- „Übrigens: Wir beraten Sie gerne bei allen Finanzdienstleistungen“
- „Beachten Sie die beigefügte Angebotsübersicht; sie zeigt Ihnen das breite Leistungsangebot der ...-Bank“

Mit einer geschickten Schlußformulierung wird der Ausstieg aus dem Brief zu einem sprachlichen Höhepunkt. Verbinden Sie den letzten Satz des Briefes nicht mit der Verabschiedung („... und verbleiben mit freundlichen Grüßen)“. Damit erzielen Sie doppelte Wirkung: Sowohl der Schlußsatz als auch die Verabschiedungsformulierung wirken voll.

7. Sonderbriefformen

Neben den ordentlichen – offiziellen – Geschäftsbriefen bieten sich für die kundenorientierte Korrespondenz einige Sonderbriefformen an:

- Der persönliche oder halboffizielle Brief

Dieser Brief wird auf einem privaten Briefbogen oder auf einem Geschäftsbogen mit der Ergänzung „Vorname, Name, im Hause ...“ geschrieben. Verwenden Sie verstärkt persönliche und private Ergänzungen. Werten Sie persönliche Briefe auf: hochwertiger Umschlag, kein Adressenaufkleber, Adresse auf Umschlag in Handschrift, mindestens ein handschriftlicher Satz, möglichst mit Füller geschrieben, keine gedruckten Beilagen.

- Der Formularbrief

Für immer wiederkehrende Inhalte wird ein Brief vorgefertigt und beim Einsatz individuell ergänzt. – Denken Sie daran, daß dieser Brief auf Kunden immer schablonenhaft und damit standardisiert wirkt. Reduzieren Sie deshalb die Verwendung. Der zeitgemäße und bessere Weg: Speichern Sie den Formularbrief auf einer Speicherschreibmaschine oder mit ihrem PC. Ergänzen Sie jeweils den kundenspezifischen Inhalt, und der Formularbrief wirkt wie ein individueller Einzelgeschäftsbrief.

- Der Kurzbrief (Kurzmitteilung/Ohne Begleitschreiben)

Der schnellste Briefweg zu Ihren Kunden ist der Kurzbrief: das Tempo geht – sehr bewußt – vor die Form des Briefes. Deshalb ist beim Kurzbrief alles erlaubt, was der Schnelligkeit dient und verständlich ist. Schreiben Sie den Kurzbrief in Handschrift (geht schneller!), kreuzen Sie an und ergänzen Sie (dient der Klarheit!), verzichten Sie auf eine zweite Unterschrift (spart Zeit!) und nutzen Sie zur Übermittlung auch das Faxgerät (spart die Postlaufzeit!).

094 Tip 170 aus Nr. 5/89	Reden Sie sich frei!

Sie haben eine neue überzeugende Argumentation, eine neue verkaufsunterstützende Formulierung oder eine neue Vorgehensweise in einem Seminar, durch einen Kollegen oder durch dieses Buch kennengelernt. Der neue Weg hat Sie sofort begeistert. Jetzt sollten Sie sich diesen Weg zu einem persönlichen Standard machen.

Auswendig lernen bringt Ihnen jetzt wenig. Die Formulierung kommt Ihnen oft unnatürlich und fremd vor. Auswendiggelerntes wirkt auf Kunden eher befremdend und gestelzt.

Sie wissen: Übung macht den Meister! Auch bei neuen Formulierungen und Wegen im Verkauf. Gehen Sie schrittweise vor, reden Sie sich Schritt für Schritt frei:

1. Schritt: Lesen Sie die neue Formulierung in einer stillen Minute mehrmals und *laut* vor.
2. Schritt: Sprechen Sie die neue Formulierung auf eine Kassette und zeichnen Sie sie auf.
3. Schritt: Hören Sie die Aufzeichnung sorgfältig an und optimieren Sie die Formulierung zu Ihrer Formulierung.
4. Schritt: Schreiben Sie Ihre neue Formulierung nieder; legen Sie Ihre neue Formulierung als Augenstütze in eine Transparentunterlage gut einsehbar auf Ihren Schreibtisch.
5. Schritt: Schauen Sie sich Ihre neue Formulierung wiederholt an (leise vorsprechen); verwenden Sie Ihre neue Formulierung gezielt am Telefon und in Ihren Beratungs- und Verkaufsgesprächen.

Mit diesem schrittweisen Selbsttraining werden aus guten Ideen und Vorsätzen Argumentationen und Formulierungen, die mit Ihren bisherigen Vorgehensweisen harmonieren und somit Ihre Kunden natürlich überzeugen.

095 Tip 262 aus Nr. 12/90	Schätzen Sie Ihre Kunden?

Wenn Sie Ihren Kunden schätzen, dann kennen Sie

- seinen Namen
- seinen Vornamen
- seinen Titel
- seinen Beruf, seine Funktion, seinen hierarchischen Rang

Wenn Sie Ihren Kunden schätzen, dann sollten Sie sich informieren

- über seine private Situation (wo und wie wohnt er?)
- über seine familiäre Situation (Ehepartner, Kinder)
- über seine Hobbys
- wo Sie ihn telefonisch erreichen können.

Wenn Sie Ihren Kunden schätzen, dann sollten Sie wissen

- welche Produkte er nutzt
- wie sich die Geschäftsbeziehung entwickelt (Umsätze etc.)
- für welche Probleme er Lösungen braucht
- für welche Informationen er Interesse hat
- wann Sie das letzte Mal mit ihm gesprochen haben
- wann Sie das nächste Mal mit ihm sprechen wollen.

Was davon steht auf Ihrer Kundenkartei?

Diskutieren Sie mit Ihren Mitarbeitern wieder einmal Ziel und Verwendung der Kundenkartei.

Wenn Sie Ihren Kunden schätzen, dann ist er es wert, von Ihnen zu erfahren

- Ihren Namen
- wofür Sie zuständig sind
- wie er Sie telefonisch erreichen kann etc.

Wenn Sie Ihren Kunden schätzen, schätzt Ihr Kunde Sie!

096 Tip 261 aus Nr. 12/90 Tip 122 aus Nr. 7/88	Wie oft besuchen Sie Ihre 20 TOP-Firmenkunden?

Nehmen Sie ein Geschäftsjahr als Betrachtungszeitraum. Wie oft haben Sie ihre 20 TOP-Firmenkunden besucht?

Gar nicht? Gelegentlich? Zu oft?

Jede Antwort wäre verkäuferisch mangelhaft. Meist wurden die 20 TOP-Firmenkunden gar nicht oder eher zufällig besucht.

Ihre 20 TOP-Firmenkunden sollten Sie jedoch regelmäßig besuchen!

Nach einem von Ihnen festgelegten Plan:

- Bestimmen Sie je TOP-Firmenkunde die Anzahl der Besuche, die Sie jährlich machen wollen (in etwa einmal pro Halbjahr).
- Vermerken Sie diese Zielsetzung auf der Kundenkartei.
- Legen Sie eine Liste mit den 20 Namen an und geben Sie diese Liste in die monatliche Terminevidenz.
- Einmal monatlich gehen Sie die 20 Kundenkarten durch und fixieren die Besuche für den nächsten Monat.
- Nach erfolgtem Besuch vermerken Sie Datum und Ergebnis wieder auf der Kundenkartei.

Wenn Sie Ihre TOP-Firmenkunden gezielt regelmäßig besuchen, dann fühlen sich diese auch als TOP-Firmenkunden.

Warum freut sich der Kunde über Ihren Besuch?

Was zeigen Sie gerne her, wenn Besuch zu Ihnen kommt?

Ihre neue Wohnzimmereinrichtung, das neue Auto, Ihre Urlaubsfotos, eine besondere Sammlung usw.

Was zeigt ein Kunde, vor allem ein Firmenkunde, gerne her?

- Seinen Betrieb
- Seine Produktion
- Seine Spezialmaschine
- Seine Ware, seine Produkte
- Seinen „Weinkeller“
- Seine Hobbies

Machen Sie Ihrem Kunden doch die Freude und besuchen Sie ihn. Zeigen Sie, daß Sie Interesse haben, seinen Betrieb gerne einmal zu sehen.

1. Sie erhalten zusätzliche Informationen, weil der Kunde viel mehr aus sich herausgeht.
2. Sie erzielen eine positive Imagewirkung (der Chef meiner Bank besucht mich).
3. Die emotionale Beziehung wird vertieft.
4. Nicht selten kommt es dabei zu zusätzlichen Geschäftsabschlüssen.

097 Tip 248 aus Nr. 9/90 Tip 253, 258, 264, 269, 271, 278, 287	Verkaufserfolge sichtbar machen

Unsere Aufgabe heißt VERKAUFEN!

Damit diese Aufgabe nicht von manipulativen, abwicklungsorientierten Arbeiten überdeckt wird, müssen wir dafür sorgen, daß sich unsere Mitarbeiter ständig mit Verkaufsergebnissen „auseinandersetzen". Eine diesbezügliche Besprechung einmal im Monat ist da einfach zu wenig.

Verkaufsergebnisse sollten Ihre Mitarbeiter gedanklich jeden Tag beschäftigen. Die beste Möglichkeit dazu besteht darin, die Verkaufserfolge täglich festzuhalten und für alle optisch sichtbar zu machen. Am besten eignet sich dafür der Mannschaftsraum (Sozialraum) oder ein anderer Platz, wo Ihre Mitarbeiter täglich mehrmals vorbeigehen.

Wie können Sie das praktisch umsetzen?

Ein Beispiel, für das Sie lediglich einen Flipchartbogen benötigen:

Beispiel 1:

	Eurocard	Wochenziel: 12
Montag	E E	10
Dienstag	● ● ●	7
Mittwoch		7
Donnerstag	● ● ●	4
Freitag		

Statt Wochentagen können Sie dieses Beispiel auch für Monatsergebnisse verwenden (1. Woche, 2. Woche, 3. Woche, 4. Woche). Anstelle des Eurocardsymbols können Sie bei anderen Produkten zum Beispiel auch farbige Klebepunkte verwenden.

Beispiel 2:
Anstelle des Produktsymbols oder farbiger Klebepunkte können auch die Anfangsbuchstaben des Familiennamens des Mitarbeiters eingetra-

gen werden, der den Abschluß und damit den Verkaufserfolg erzielt hat (siehe „Mittwoch“ im folgenden Beispiel).

	Eurocard	Wochenziel: 12
Montag	E E	10
Dienstag	●●●	7
Mittwoch	M. H.L	4

Damit wird die Einzelverantwortung für das Teamergebnis verstärkt. Der positive Beitrag wird sichtbar gemacht, gleichzeitig wird Mitarbeitern ohne Abschluß signalisiert (ohne viel Worte bzw. ständige „Ermahnungen“), daß ihr Beitrag zum Teamerfolg noch aussteht.

Diese Methode sollten Sie jedoch mit Ihren Mitarbeitern vorher absprechen.

Beispiel 3:

Ein weiteres Beispiel, wie Sie Verkaufserfolge optisch sichtbar präsentieren können.

Sie vereinbaren bei einer Verkaufsaktion zum Beispiel ein Abschlußziel von 20 Stück.

Zeichnen Sie dann auf einem großen Blatt Papier nachfolgende Raster mit 20 Feldern.

×	×			Maier
				Maier
				Maier
				Maier

Für jeden Abschluß wird ein freies Feld mit einem Kreuz ausgefüllt.

Sie können die Felder auch von vornherein aufteilen und je nach vereinbartem Ziel den einzelnen Miarbeitern zuordnen (siehe Beispiel „Maier“).

Sichtbar gemachte Verkaufserfolge motivieren zu weiteren Anstrengungen für die nächsten Erfolge!

Beispiel 4:

In drei Beispielen haben wir Ihnen bisher gezeigt, wie Sie Verkaufserfolge optisch sichtbar präsentieren können.

Jetzt ein weiteres Beispiel, wie Sie Verkaufserfolge mit einem kleinen Dankeschön verbinden können.

Sie nehmen eine Verkaufsaktion mit zehn Abschlüssen als Ziel:

1
2
3
4
Merci
Merci
Merci
Merci
Merci
Merci

Sie kleben auf jedes Feld ein Stück Merci-Schokolade. Jeder Mitarbeiter, der einen Abschluß tätigt, kann sich dafür das Stück Schokolade abnehmen.

Je kreativer und „spielerischer" Sie die Verkaufserfolge Ihres Teams präsentieren, um so kreativer und spielerischer werden auch Ihre Mitarbeiter verkaufen.

Beispiel 5:

Eine Abwandlung bisher gezeigter Methoden ist folgender Vorschlag:

Befestigen Sie ein Meterband (100 cm) an der Wand oder zeichnen Sie ein solches quer auf Flipchartpapier.

1	2	3		98	99	100

Dann kennzeichnen Sie jene Ziffer, die Sie als Ziel vereinbart haben, mit einem farbigen Reiter (oder einem Selbstklebezettel). Ebenso dann täglich jene Ziffer, die der aktuellen Anzahl der Abschlüsse entspricht.

		Ist				Ziel		
	36	37	38		79	80	81	

Mit konkreter Datumsangabe (Zielerreichung, IST, per wann!) bringen Sie auch einen eventuell nötigen „Zeitdruck" ins Spiel!

Zielsetzung und tägliche Kontrolle der Zielerreichung sind die Basis für Verkaufserfolge.

Beispiel 6:

Jeden Tag zwei Abschlüsse über ein bestimmtes Produktes erscheint nicht viel, ergibt in der Summe nach einer gewissen Zeit jedoch einen beträchtlichen Verkaufserfolg. In 20 Tagen (ca. ein Monat) also 40 Abschlüsse.

Auch Ihren Mitarbeitern erscheinen zwei Abschlüsse pro Tag möglicherweise realistischer.

Auch für diese zwei Abschlüsse pro Tag bedarf es einer konsequenten Verfolgung, und dafür wieder unser Vorschlag:

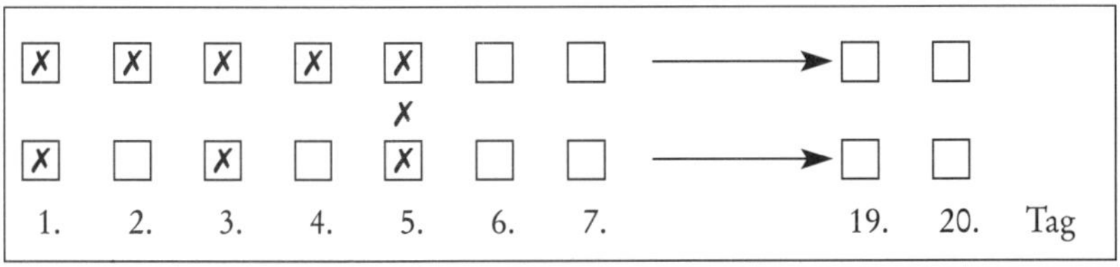

Am Ende jeden Tages werden die Aktion und die Zielerreichung kurz (fünf Minuten) besprochen und die Abschlüsse in den vorgesehenen Kästchen angekreuzt.

Tägliche „Erfolgsbilanz" bedeutet konsequentes Umsetzen von Zielsetzungen!

Beispiel 7:

Beim Arzt oder auf einem Amt haben Sie sicher schon gelegentlich von einem Nummernautomaten eine Nummer gezogen, wodurch die Reihenfolge der Wartenden geregelt wurde.

Einen solchen Nummernautomaten können Sie auch für Verkaufsergebnisse verwenden. Eine billige Ausführung erhalten Sie im Papierhandel. Im Gehäuse ist meist eine Rolle mit den Ziffern 1 bis 500.

Für jeden Abschluß wird eine Nummer gezogen.

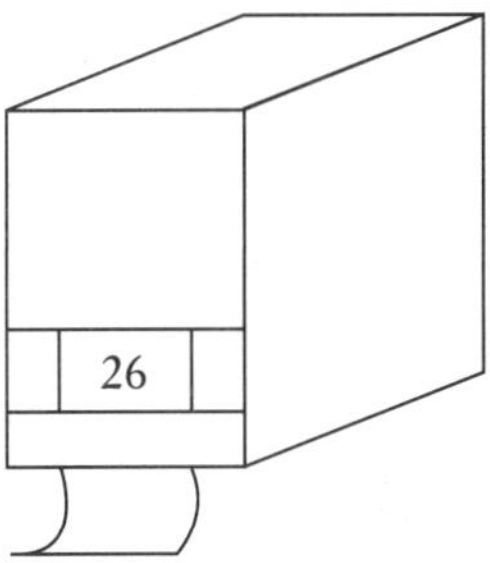

So wissen Sie immer aktuell, wieviele Abschlüsse in dieser Verkaufsaktion bereits erzielt wurden.

Beispiel 8:

Im Beispiel 7 haben wir Ihnen den „Nummernautomaten“ vorgestellt.

Diese Methode können Sie mit einer Belobigung für Ihre Mitarbeiter kombinieren. Jeder Mitarbeiter, der für einen Abschluß eine Nummer zieht, klebt diese Nummer auf eine Gewinnkarte mit 10 Feldern.

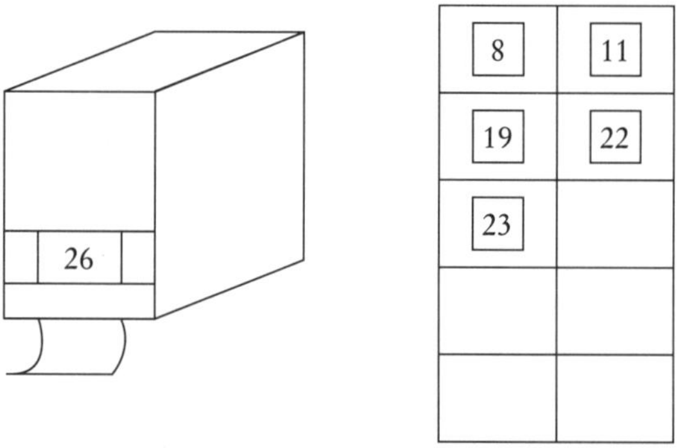

Wer seine Karte voll hat, bekommt einen von Ihnen vorher ausgesetzten Preis oder eine bestimmte Vergünstigung.

Sollten Sie keinen Nummernautomaten auftreiben, so können Sie dieses Beispiel etwas abgewandelt auch mit einem Meterband (100 cm) realisieren. Für jeden Abschluß wird 1 cm abgeschnitten und auf die Karte geklebt.

Beispiel 9:

Manchmal ist es notwendig und förderlich, Verkaufsergebnisse für bestimmte Produkte bzw. Volumina über einen längeren Zeitraum, z. B. ein Jahr, sichtbar zu machen. Das folgende Beispiel zeigt Ihnen, wie Sie dies optisch realisieren können. Sie nehmen wieder ein Flipchartpapier.

Bausparen			Jahresziel: 100		
	Monats-abschlüsse	Abschlüsse seit Jahresbeginn	Zielerreichung Ist	Soll	Abweichung
Januar	10	10	10%		
Februar	5	15	15%		
März	8	23	23%	25%	–2
↓					
Dezember					

Mit dieser Methode erreichen Sie, daß Verkaufsergebnisse nicht nur im Rahmen von Aktionen, sondern auch als Jahresziele verfolgt werden.

Beispiel 10:

Folgende Ergänzung zum Vorschlag 9:

		Bausparen		Jahresziel: 100		
	Monats-abschlüsse	Abschlüsse seit Jahresbeginn	Zielerreichung Abläufer 1)		Stand 200	Sättigungs-grad 2)
Januar	10	10		10	210	21%
Februar	10	20		20	220	22%
März	10	30	– 20	10	210	21%
April	10	40		20	220	22%
↓						
Dezember						

1) Anstelle der Anzahl Abläufer können Sie bei anderen Produkten die Anzahl der Schließungen bzw. die Rückgaben anführen.

2) Sättigungsgrad: ist das Verhältnis der insgesamt abgeschlossenen Produktanzahl zu einer Bezugsgröße, zum Beispiel Kundenanzahl oder Kontenanzahl (in obigem Beispiel zu 1.000 Stück).

Dieser Vorschlag ist natürlich kombinierbar mit den Spalten Zielerreichung IST/SOLL/Abweichung aus Vorschlag 9.

Statt mit Stückzahlen ist diese Tabelle auch mit Volumensgrößen erstellbar, je nach Bedarf mit Netto- oder Bruttozuwachszahlen.

Die Beobachtung von Sättigungsgraden ermöglicht auch Vergleiche mit größeren und kleineren Geschäftsstellen, da relative anstelle von absoluten Werten verglichen werden.

Beispiel 11:

Wenn Sie mehrere Jahresziele zu verfolgen haben, so können Sie auf Flipchartpapier folgende Tabelle erstellen.

Die vier Zielarten sind beispielhaft angeführt und können durch je eine andere Zielart ersetzt werden.

Aus allen bisher gebrachten Beispielen können Sie beliebige Kombinationen machen.

Wechseln Sie die einzelnen Methoden möglichst oft im Rahmen von Verkaufsaktionen. Bei Jahreszielen sollten Sie die gewählte Form eher beibehalten.

Zielart	Zielerreichung				Ziel
	Januar	Februar	März	→Dezember	
Spareinlagen Nettozuwachs	-50 TDM	+80 TDM	+117 TDM		700 TDM
Anzahl neue Firmenkunden	1	1	2		10 Kunden
Anzahl Kreditkarten	10	15	18		80 Stück
Provisionsertrag Wertpapiere	8 TDM	14 TDM	24 TDM		100 TDM

Alle Statistiken, Tabellen etc. sollten für Ihre Mitarbeiter (nicht für Kunden) sichtbar in der Geschäftsstelle angebracht werden.

Beispiel 12:

Die Zielerreichung bei Jahreszielen kann man grafisch besonders deutlich darstellen:

Diese Grafik kann für Stückzahlen, Volumina, für Zuwachsraten etc. angefertigt werden.

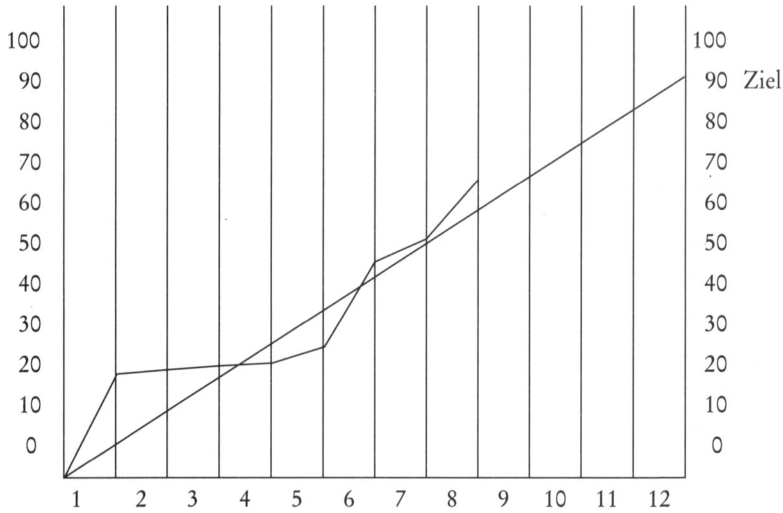

Verwenden Sie für Ziel und Zielerreichung zwei verschiedene Farben. Monat für Monat ist im Rahmen der Verkaufsbesprechung mit den Mitarbeitern der Zielerreichungswert einzutragen. Liegt die Zielerreichungslinie deutlich unter der Ziellinie, sind entsprechende Maßnahmen zu besprechen.

Die Kombination von optischer Darstellung der Zielerreichung und regelmäßigen Gesprächen darüber ergibt ein zielorientiertes Verhalten Ihrer Mitarbeiter.

Erfolg ist die beste Motivation. Zeigen Sie daher die Erfolge Ihrer Mitarbeiter und Ihrer Geschäftsstelle auf.

Kontrollieren Sie nicht, sondern ziehen Sie eine Erfolgsbilanz. Feiern Sie die Erfolge Ihrer Mitarbeiter. Setzen Sie sich im Team zusammen, reden Sie darüber, erkennen Sie im Gespräch die Verkaufsleistung an, freuen Sie sich gemeinsam. „Spendieren" Sie eine Torte, ein Eis oder anderes.

Unsere Aufgabe heißt: VERKAUFEN!

098 Tip 244 aus Nr. 8/90	Die persönliche Visitenkarte

Nutzen Sie Ihre Visitenkarte zur Kontaktsicherung und Kontaktvertiefung. Setzen Sie die Visitenkarte so oft wie nur möglich ein und fügen Sie persönliche Elemente hinzu. Zum Beispiel können Sie Ihre Visitenkarte Abrechnungen, Briefen usw. beilegen.
Schreiben Sie auf der Rückseite der Visitenkarte ein paar persönliche Worte. Beispielsweise

- „Ich freue mich auf unseren nächsten Gesprächstermin am ..."
- „Rufen Sie mich bitte bis ... an!"
- „Empfehlen Sie mich bitte bei ... weiter. Vielen Dank."

Bei Nichtkunden:

- „Kommen Sie zu uns und testen Sie uns!"
- „Ich würde mich freuen, Sie beraten zu dürfen."
- „Heute bin ich Ihr Kunde, vielleicht werden Sie einmal auch mein Kunde. Ich würde mich freuen."

Sicher erhalten Sie auch von Kunden und Nichtkunden Visitenkarten. Sie können eine gute Basis für späteren Verkaufserfolg sein. Doch oft fehlen wichtige Angaben: Wie lautet der Name der Sekretärin, wie heißt der Geschäfts-/Lebenspartner, wer ist der Stellvertreter, wer war der Kollege, wie heißt der persönliche Assistent, unter welcher Nummer ist der Visitenkartengeber privat erreichbar?

Notieren Sie sich – am besten gleich nach Erhalt der Karte – möglichst alle Informationen. Dafür eignet sich besonders die Rückseite. Bei der Übergabe können Sie auch gezielt nach diesen Zusatzinformationen fragen. Später wird die Informationssammlung zeitaufwendig und damit teuer.

Denken Sie immer daran: Persönliche Visitenkarten festigen die Erinnerung, und Zusatzinformationen erleichtern den personenbezogenen Verkauf.

099 Tip 194 aus Nr. 10/89	Was können Sie verändern?

Reinhold Niebuhr (amerikanischer Theologe):

„Gott gebe mir die Kraft, das zu ändern, was ich ändern kann, das zu ertragen, was ich nicht ändern kann, und die Weisheit, zwischen beiden zu unterscheiden."

Aufgabe einer Führungskraft ist es, Veränderungen herbeizuführen. Veränderungen in der Einstellung Ihrer Mitarbeiter zu Kunden, zum eigenen Unternehmen; Veränderungen in der Einstellung der Kunden Ihrer Bank gegenüber; Veränderungen im innerbetrieblichen Bereich trotz Bürokratie und Widerständen.

Sie sollten sich nicht über zu lösende Probleme beklagen, sondern sie als Ihre wichtigste Aufgabe sehen. Wer sonst außer Führungskräften sorgt dafür, daß Probleme gelöst werden? Also freuen Sie sich, wenn Sie Probleme lösen können, selbst oder durch Ihre Mitarbeiter.

Setzen Sie dort an, wo Sie erkennen, daß Sie etwas ändern können und vergeuden Sie nicht Ihre Kraft und Energie, um gegen Mauern zu rennen.

Glauben Sie uns, Sie können eine Menge ändern, Sie haben einen oft gar nicht vorstellbar großen Freiraum, in dem Sie handeln können.

Machen Sie sich eine kleine Liste mit drei Punkten, die Sie ändern wollen und bei denen Sie auch eine Chance sehen, sie ändern zu können.

Problem 1 ______________________ Erledigungstermin _________

Problem 2 ______________________ Erledigungstermin _________

Problem 3 ______________________ Erledigungstermin _________

Jedes Problem, das Sie lösen konnten, jede Änderung, die Sie positiv herbeiführen konnten, erhöht Ihre eigene Motivation.

100 Tip 212 aus Nr. 2/90	„Geht heute noch mit der Post an Sie raus!“

Sicher haben Sie diese oder ähnliche Äußerungen bereits häufiger von Geschäftspartnern gehört. Eine klare positive Botschaft an den Kunden mit einem deutlichen Zeichen der Dringlichkeit („heute noch“).

Doch guter Bank- und Sparkassenservice ist mehr. Mit dem oben zitierten Satz scheint das Interesse am Kunden nach der Postsendung beendet zu sein. Die Akte des Kreditinstituts ist geschlossen, der Kunde und sein Wunsch sind endgültig – zumindest sprachlich – abgehakt.

Bleiben Sie auch nach dem Postversand für den Kunden aktiv. Ergänzen Sie die Aussage, zum Beispiel:

- „Die Unterlage ... (Bezeichnung) geht heute noch mit der Post an Sie raus, und in den nächsten Tagen rufe ich Sie an, damit ich eventuelle Fragen schnell für Sie klären kann.“

Sicher überzeugt auch Sie diese kleine sprachliche Ergänzung. Mit recht wenig zusätzlichem Aufwand erzielen Sie

1. eine Aufwertung des Kunden,
2. einen noch besseren Service als im Ausgangsbeispiel,
3. eine gute Chance für Zusatzverkäufe und
4. eine echte und intensive Kundenbetreuung.

Doch die erweiterte Formulierung allein reicht nicht aus. Der zusätzliche Service durch das Betreuungstelefonat muß auch ankündigungsgemäß erfolgen. Die Abschlußwahrscheinlichkeit steigt mit jedem weiteren Kontakt zu Ihren Kunden.

ANHANG

Literaturhinweise

1.1 Bankspezifische Literatur

Richard Ausfelder	Telefonmarketing – Geschäftspolitische Bedeutung für Kreditinstitute, Gabler-Verlag, Wiesbaden 1991
Helmut Burkhardt	So oder So? – Ein Leitfaden für gute Umgangsformen im Kreditgewerbe, Gerber-Verlag, München 1987
Congena (Hrsg.)	Bank-Entwicklung – Strategien für die Bank der Zukunft, Gabler-Verlag, Wiesbaden 1986
Gebert/Steinkamp/ Wendler	Führungsstil und Absatzerfolg in Kredtinstituten dargestellt an Sparkassen-Geschäftsstellen, Sparkassen- und Gabler-Verlag, Wiesbaden 1987
Gebert/Ulrich	Erfolgreiches Führen im Kreditbereich, Gabler-Verlag, Wiesbaden 1990
Günther Geyer	Das Beratungs- und Verkaufsgespräch in Banken – Bankleistungen erfolgreich verkaufen, Gabler-Verlag, 4. Auflage, Wiesbaden 1989
Günther Geyer	Telefonpraxis in Banken – Kunden besser betreuen, Leistungen erfolgreicher verkaufen, Gabler-Verlag, 2. Auflage, Wiesbaden 1988
Günther Geyer	Kredite aktiv verkaufen, Gabler-Verlag, Wiesbaden 1990
Haschke/Karlowski/ Walter	Mitarbeiterführung im Verkauf, Deutscher Sparkassenverlag, Stuttgart 1989
Claus Kulich	Bankdienstleistungen erfolgreich verkaufen, Expert-Verlag, Grafenau 1982
Ignaz Reisenbichler	Verkaufen in der Bank mit Erfolg, Fachverlag der WU Wien, Wien 1986
Klaus Rischar	Erfolgreich führen in der Bank, Expert-Verlag, Ehningen 1987
Stolze/Scheel	Kredit-Akquisition bei Firmenkunden, Wuth-Verlag, Lünen 1988
Süchting/van Hooven	Handbuch des Bankmarketing, Gabler-Verlag, 2. Auflage, Wiesbaden 1991

1.2 Allgemeine Literatur

Waldemar-Fred Anton	Gesprächsführung in Verkaufsgesprächen unter dem besonderen Aspekt der Beratung, Uni Lüneburg 1989
Bagley/Reese	Beyond Selling – Die neue Dimension im Verkauf, Verlag für angewandte Kinesiologie, Freiburg 1990
Frank Bettger	Erlebte Verkaufspraxis, Oesch-Verlag, Zürich 1990
Alfred Bierach	NLP – Die letzten Geheimnisse der Starverkäufer, Verlag Moderne Industrie, Landsberg 1989
Bierbaum/Marwitz/ May	Happy Selling – Der geniale Verkäufer, Junfermann-Verlag, Paderborn 1990
Blanchard/Johnson	Der Minuten-Manager, Rowohlt-Verlag, Reinbek 1983
Blanchard/Zigarmi	Der Minuten-Manager: Führungsstile, Rowohlt-Verlag, Reinbek 1986
Blanchard/Edington /Blanchard	Der Minuten-Manager: Fitness, Rowohlt-Verlag, Reinbek 1987
Jan Carlzon	Alles für den Kunden, Campus-Verlag, Frankfurt 1988
Erich-N. Detroy	Sich durchsetzen in Preisgesprächen und -verhandlungen, Verlag Moderne Industrie, 5. Auflage, Zürich 1990
Erich-N. Detroy	Wie man mit Brief, Telefon und Erstbesuch neue Kunden systematisch und dauerhaft gewinnt, Verlag Moderne Industrie, 2. Auflage, Zürich 1984
Edgar K. Geffroy	Verkaufserfolge auf Abruf – Die 1-Seiten-Methode, Verlag Moderne Industrie, Landsberg 1987
Harry Holzheu	Souverän verhandeln, Verlag Mc.Graw-Hill, Hamburg 1986
Spencer Johnson	Eine Minute für mich, Rowohlt-Verlag, Reinbek 1987
Johnson/Wilson	Das Minuten-Verkaufstalent, Rowohlt-Verlag, Reinbek 1985

Henner Lenfers	Der Innendienst – das vergessene Marketing, in: Der Verkaufsberater, Band 1/89, Haufe-Verlag, Freiburg 1989
Marie-L. Neubeiser	Management-Coaching – Der neue Weg zum Manager von morgen, OrellFüssli-Verlag, Zürich 1990
Peters/Waterman	Auf der Suche nach Spitzenleistungen, Verlag Moderne Industrie, Landsberg 1983
James W. Pickens	Closing – Erfolgsstrategien für offensive Verkäufer, Gabler-Verlag, Wiesbaden 1989
Rodgers/Shook	IBM – Einblick in die erfolgreichste Marketingorganisation der Welt, Verlag Moderne Industrie, Landsberg 1986
Rolf Rüttinger	Unternehmenskultur – Erfolge durch Vision und Wandel, ECON-Verlag, Düsseldorf/Wien 1986
Weisbach/Eber-Götz/ Ehresmann	Zuhören und Verstehen – Eine praktische Anleitung mit Übungen, Rowohlt-Verlag, Reinbek 1981
Weisbach/Ehresmann	Reden und Verstandenwerden, Fischer-Verlag, Frankfurt 1987

1.3 Zeitschriften

absatzwirtschaft – Zeitschrift für Marketing, Verlag Handelsblatt GmbH, Düsseldorf

acquisa – Fachzeitschrift für erfolgreiches Verkaufen, Max Schimmel Verlag, Würzburg

Allfinanz – Innovationsdienst, Trends, Analysen und Methoden aus der Branche, Max Schimmel Verlag, Würzburg

Anlagepraxis, Betriebswirtschaftlicher Verlag Dr. Th. Gabler GmbH, Wiesbaden

bankkaufmann – Fachmagazin für Bankpraxis und Bankmanagement, Gabler-Verlag, Wiesbaden

bank und markt – Zeitschrift für Unternehmensführung, Marketing und Organisation, Knapp-Verlag, Frankfurt

Erfolgreicher Führen und Verkaufen in der Zweigstelle – Monatliche Praxistips für Filial-, Geschäftsstellen- und Zweigstellenleiter von Ban-

ken und Sparkassen, Nürnberger Akademie für Absatz (Hrsg.), Nafa-Verlags-GmbH, Nürnberg
Geld-Profi, Sparkassenverlag, Stuttgart
KreditPraxis, Betriebswirtschaftlicher Verlag Dr. Th. Gabler GmbH, Wiesbaden
Marketing-Journal – Gebrauchsanleitungen für die Markt-Bearbeitung, Verlag Marketing-Journal GmbH, Hamburg
Sales-Profi – das Magazin für Top-Verkäufer, Gabler-Verlag, Wiesbaden
VM-International – Verkauf und Marketing, Fachzeitschrift für Verkauf, Marketing, Management und Kommunikation, Fachmed AG, Verlag für Fachmedien, St. Gallen

Stichwortverzeichnis

Z

Übersicht über die bisher erschienenen Tips und Kommentare

Erfolgreicher Führen & Verkaufen in der Zweigstelle – Monatliche Praxistips für Filial-, Geschäftsstellen- und Zweigstellenleiter von Banken und Sparkassen

Ausgabe	Tip	Themenbereich	Titel
8/1988	–	Kommentar	Der gutinformierte Kunde
	125	Argumentation	Gesprächsführung: Gegenfrage
	126	Arbeitstechniken	Wozu braucht man ein Besprechungsprotokoll?
	127	Verkaufen	Wiederanlage – Sparbrief
	128	Kundenservice	Kontaktpflege
	129	Führen	Nach 2 Wochen hat er sich wieder beruhigt!
	130	Zweigstelle	Schmutzige Hände
9/1988	–	Kommentar	Wie sehen Sie Ihre Bank in 10 Jahren?
	131	Führen	Wie Lob zur Kritik wird
	132	Verkaufsförderung	Kaffee und Kuchen am Weltspartag!
	133	Arbeitstechniken	Wer macht bei Ihnen die Verbesserungsvorschläge?
	134	Argumentation	Gesprächsführung 10: Passives und aktivierendes Zuhören
	135	Zweigstelle	Haben Sie eine Aktionsauslage?
10/1988	–	Kommentar	Wieviel Ertrag werden Sie dieses Jahr in Ihrer Geschäftsstelle erwirtschaften?
	136	Argumentation	Gesprächsführung 11: Aktivierendes Zuhören durch Reaktionen
	137	Arbeitstechniken	Haben Sie keine Zeit?
	138	Verkaufen	Elektronische Medien können nicht alles!
	139	Zweigstelle	Adventszeit in der Geschäftsstelle
	140	Führen	Welcher Mitarbeiter ist der beste Verkäufer?

11/1988	–	Kommentar	Nächsten Montag um 15.00 Uhr motiviere ich meine Mitarbeiter!
	141	Veranstaltungen	Können Sie beim Abitur behilflich sein?
	142	Verkaufen	Was haben Sie in der letzten Woche neues gelernt für Ihren Beruf als Verkäufer?
	143	Argumentation	Gesprächsführung 12: Aktivierendes Zuhören durch verstärkende Äußerungen
	144	Kundenservice	Wie machen Sie Ihre Weihnachtskarten persönlicher?
12/1988	–	Kommentar	Fördern Sie den Verkauf!
	145	Argumentation	Gesprächsführung 13: Aktivierendes Zuhören durch Wiederholungen und Echo-Fragen
	146	Verkaufsförderung	Sprechen Sie Ihre Kunden mit deren Namen an?
	147	Führen	Ist Lob mit viel Geld verbunden?
	148	Kundenservice	Haben Sie voriges Jahr zum Jahreswechsel automatisch Kontoauszugsmappen an Ihre Kunden ausgegeben?
	149	Zweigstelle	Wie alt ist Ihre Geschäftsstelle?
1/1989	–	Kommentar	Warum sind Ziele wichtig?
	150	Führen	Der Mitarbeiter hat sich wieder einmal ein Seminar verdient!
	151	Arbeitstechniken	Tip 8: Schreiben Sie mit Profil: Benutzen Sie den Füller!
	152	Verkaufsförderung	Kennen Sie Ihre ersten Kunden?
	153	Argumentation	Gesprächsführung 14: Aktivierendes Zuhören durch Gefühle
2/1989	–	Kommentar	Lenken und Anreizen!
	154	Argumentation	Wörter und Gefühle
	155	Kundenservice	Wie erfahren Sie rasch den Namen Ihres Kunden?

	156	Führen	Kennen Sie diese 3 Personen
	157	Argumentation	Gesprächsführung 15: Aktivierendes Zuhören durch Notizen
3/1989	–	Kommentar	Ist der Geschäftsstellenleiter auch PR-Mann?
	158	Verkaufen	Mit der Anzahl der Kundenansprachen steigt automatisch die Anzahl der Verkaufsabschlüsse!
	159	Kundenservice	Türe öffnen!
	160	Verkaufen	Sind Sie überhaupt an einem Kaufabschluß interessiert?
	161	Führen	Dominieren Sie die Mitarbeiterbesprechung?
	162	Argumentation	Kaufmotive 1: „Er sangs“
4/1989	–	Kommentar	Der Brief ist aufgegeben – und jetzt?
	163	Argumentation	Kaufmotive 2: Motivbezogener Nutzen
	164	Arbeitstechniken	Die tägliche Arbeitsplanung
	165	Verkaufen	Bleiben Sie am Ball?
	166	Verkaufen	Telefonische Kundenbetreuung jetzt preiswerter
	167	Kundenservice	Sie gehören zu jenen Kollegen, die uns neue Kunden vermittelt haben. Dafür wollen wir Danke sagen.
	168	Führen	Rollenspiel in der Geschäftsstelle
5/1989	–	Kommentar	Anerkennungsformen Eine Basis für erfolgreiches Führen und Verkaufen
	169	Arbeitstechniken	Checkliste: Kundenorientierte Geschäftsbriefe
	169a	Arbeitstechniken:	Checkliste: Eindruck der Filiale innen und außen!
	170	Arbeitstechniken:	Reden Sie sich frei!
	171	Argumentation	Kaufmotive 3: „Schlüsselwörter“

6/1989	–	Kommentar	Wer fürchtet sich vorm Preisgespräch?
	172	Argumentation	Kaufmotive 4: Wettbewerbsbezogene Argumentation
	173	Führen	„Ihre Besprechungspunkte“
	174	Verkaufen	Checkliste für Kassierer
	175	Kundenservice	„Da haben Sie aber noch mal Glück gehabt!“
	176	Verkaufen	Erfolgreicher Verkaufen durch Reservierungen
	177	Veranstaltungen	Luftballons und Dosenwerfen
7/1989	–	Kommentar	Gesagt heißt noch nicht gehört gehört heißt noch nicht zugehört zugehört heißt noch nicht verstanden verstanden heißt noch nicht einverstanden einverstanden heißt noch nicht angewendet angewendet heißt noch nicht beibehalten
	178	Argumentation	Überzeugungstechniken: Isolieren des Hindernisses
	179	Führen	Unsere Mitarbeiterbesprechung ist die Verkaufsaktion für …
	180	Verkaufen	Kreditkarten aktiv verkaufen
	181	Argumentation	Telefongrundsätze
8/1989	–	Kommentar	Neukunden gewinnen – aber wie?
	182	Führen	„Ich probiere es einmal“
	183	Argumentation	Überzeugungstechniken 2: Zusatzvorteile anbieten
	184	Verkaufen	Verhalten bei und nach dem Abschluß
	185	Veranstaltungen	Was bringen Veranstaltungen außer Kosten?
9/1989	–	Kommentar	Eine Kundenbeschwerde – na und
	186	Kundenservice	„Sie sind schon 10 Jahre Kunde bei uns!“

	187	Verkaufshilfen	Wie machen Sie Ihre Visitenkarten persönlicher?
	188	Argumentation	Überzeugungstechniken 3: Verstärken
	189	Verkaufen	„Argumente: Zum Kaufen oder Verkaufen?“
	190	Verkaufshilfen	Kundenbesuche – Checkliste zur Vorbereitung
10/1989	–	Kommentar	5 Sünden von Bank- und Sparkassenmitarbeitern
	191	Argumentation	Überzeugungstechniken 4: Ängste positiv ansprechen
	192	Verkaufsförderung	Informationsscheck
	193	Kundenservice	Hinter jedem erfolgreichen Mann steht eine ... Frau!
	194	Führen	Was können Sie verändern?
	195	Verkaufshilfen	Wann sind Sie telefonisch am besten erreichbar?
11/1989	–	Kommentar	Wissen Sie, warum Sie so wichtig sind?
	196	Zweigstelle Führen	Öffnen Sie Ihre Geschäftsstelle noch immer 1 Minute früher?
	197	Zweigstelle	Sind die Grünpflanzen tatsächlich noch grün?
	198	Veranstaltungen	Was können Sie vom Kunden lernen?
	199	Argumentation	Überzeugungstechniken 5: Kundenvorschlag erbitten
	200	Verkaufen	Verlorene Kunden
12/1989	–	Kommentar	Wissen Sie was Ihre Geschäftsleitung von Ihnen erwartet?
	201	Argumentation	Überzeugungstechniken 6: Das Auge gezielt ansprechen
	202	Kundenservice	Und alle Jahre wieder: Eine neue Kontoauszugsmappe zum Jahresende!
	203	Führen	Die Mitarbeiter-Bilanz

	204	Argumentation	Checkliste zur Einwandbehandlung
	205	Kundenservice	Prosit Neujahr!
	206	Zweigstelle	Haben Sie Kundenparkplätze?
1/1990	–	Kommentar	Wo stehen Sie mit Ihrer Geschäftsstelle zur Jahrtausendwende?
	207	Veranstaltungen	„Eine Floßfahrt auf der Isar“
	208	Zweigstelle	Haben Sie vor Ihrer Geschäftsstelle „einen Eislaufplatz“?
	209	Arbeitstechniken	Was machen Sie, wenn gerade kein Kunde bei Ihnen ist?
	210	Argumentation	Überzeugungstechniken 7: Unterlagen vorbereiten
2/1990	–	Kommentar	„Na dann wünsche ich Ihnen einen schönen Urlaub!“
	211	Argumentation	Können Sie „Nein“ sagen?
	212	Verkaufen	„Geht heute noch mit der Post an Sie raus!“
	213	Zweigstelle	Welche Kolleginnen und Kollegen aus der Zentrale wohnen im Einzugsgebiet Ihrer Geschäftsstelle?
	214	Verkaufen	Den Preis verkaufen 1: Die Einstellung
	215	Kundenservice?	Die hohe Schule des Telefonierens
3/1990	–	Kommentar	Steht Ihr Kunde wirklich immer – auch sprachlich – im Mittelpunkt Ihrer Aktivitäten
	216	Kunden-ansprache	Stehen Sie zu Ihrem ganzen Namen!?
	217	Telefonverkauf	Anruf am Arbeitsplatz des Kunden?
	218	Führen	Lassen Sie sich von Ihren Mitarbeitern beurteilen?
	219	Verkaufen	Den Preis verkaufen 2: Grundsätze im Preisgespräch
4/1990	–	Kommentar	Sind Sie leitender Sachbearbeiter oder sachkundiger Leiter?
	220	Verkaufen	Den Preis verkaufen 3: Beispiele zu den Preisgrundsätzen
	221	Argumentation	Das Man-/Wir-Versteckspiel

	222	Führen	Kennen sie AGAABU?
	223	Führen	Fehler sind erwünscht!
5/1990	–	Kommentar	Kinder unerwünscht?
	224	Zweigstelle	Wer informiert die Kolleginnen und Kollegen aus der Zentrale?
	225	Argumentation	Wer fragt – der führt“ Wer fragt – der verkauft auch mehr!
	226	Kundenservice	Anrufer/-in mit Namen verabschieden?
	227	Verkaufen	Den Preis verkaufen 4: Reaktion auf Preiseinwände!
6/1990	–	Kommentar	Service-Qualität
	228	Zweigstelle	Erscheinungsbild der Mitarbeiter
	229	Führen	Ertappen Sie Ihre Mitarbeiter bei guten Leistungen!
	230	Kundenservice	Danke für diesen Tip!
	231	Verkaufen	Den Preis verkaufen 5: Den Preis aufbessern
	232	Sprache	Das KISS-Prinzip
	233	Arbeitstechniken	Jedes Angebot mit Termin!
7/1990	–	Kommentar	„The Medium is the Message“
	234	Verkaufen	Den Preis verkaufen 6: Splitting
	235	Führen	Ich spreche ohnehin den ganzen Tag mit meinen Mitarbeitern!
	236	Kundenservice	Haben Sie die Zeichensprache gelernt? (oder: „Die Gewinnung von Stammkunden!“)
	237	Argumentation	Füllen Sie bitte den Antrag aus!
	238	Verkaufen	Erfolgreiche „Aufhänger“
8/1990	–	Kommentar	Kundenorientierung im Alltag
	239	Veranstaltungen	Haben Sie noch Ihr Klassenfoto?
	240	Argumentation	„Ich habe kein Interesse!“
	241	Verkaufsförderung	Werbepost
	242	Verkaufen	Den Preis verkaufen 7: Ideen und Erfolge gegen den Preispoker
	243	Arbeitstechniken	Die tägliche Arbeitsplanung

	244	Arbeitstechniken	Werten Sie Ihre Visitenkartensammlung auf!
9/1990	–	Kommentar	Niemand außer Ihnen besitzt diese Information!
	245	Verkaufen	„Ich gehe niemals allein' essen, wenn ich es mit einem Kunden zusammen tun könnte."
	246	Verkaufsförderung	Kundenorientierte Briefe 1: Die Form
	247	Zweigstelle	Wie kundenorientiert ist Ihre Telfonzentrale?
	248	Führen	Verkaufserfolge sichtbar machen (1)
	249	Kundenservice	„Meine Mutter war begeistert!"
10/1990	–	Kommentar	„Die Verkaufsabteilung ist nicht die ganze Firma, aber die ganze Firma sollte wie eine Verkaufsabteilung sein."
	250	Verkaufsorientierung	Kundenorientierte Briefe 2: Der Briefaufbau
	251	Kundenservice	„Wenn Du jemanden ohne Lächeln siehst, so schenke ihm Deines!"
	252	Kundenservice	Kennen Sie den Junior-Chef?
	253	Führen	Verkaufserfolge sichtbar machen (2)
	254	Verkaufen	Seien Sie neugierig!
11/1990	–	Kommentar	Das Nein verkaufen
	255	Verkaufsorientierung	Kundenorientierte Briefe 3: Der Briefbeginn
	256	Kundenservice	Warum manche Leute ihre Automarke nicht wechseln!
	257	Kundenservice	Ihre persönliche Weihnachtskarte
	258	Führen	Verkaufserfolge sichtbar machen (3)
	259	Führen	Das Mitarbeiterpräsent
12/1990	–	Kommentar	Haben Ihre Kunden eine Kreditkarte? Haben Sie selbst eine Kreditkarte?
	260	Verkaufsförderung	Kundenorientierte Briefe 4: Der Briefstil

	261	Kundenservice	Wie oft besuchen Sie Ihre 20 TOP-Firmenkunden?
	262	Arbeitstechniken	Schätzen Sie Ihre Kunden?
	263	Führen	Sind Sie ein Gewinner?
	264	Führen	Verkaufserfolge sichtbar machen (4)
	265	Zweigstelle	Wenn man jemanden warten lassen muß, dann muß man ihn mit irgendetwas beschäftigen!
1/1991	–	Kommentar	„Die Filialen sind für die Kunden da, die Zentrale ist für die Filialen da."
	266	Arbeitstechniken	Die Interessenten-Datei
	267	Kundenservice	Rückvergütungen und Gutschriften dem Kunden persönlich überbringen
	268	Führen	Wer geht in der schönsten Zeit des Jahres auf Urlaub?
	269	Führen	Verkaufserfolge sichtbar machen (5)
	270	Kundenservice	Kundenorientierte Briefe 5: Die Wortwahl
2/1991	–	Kommentar	Der Augenblick der Wahrheit
	271	Führen	Verkaufserfolge sichtbar machen (6)
	272	Verkaufsunterstützung	Kundenorientierte Briefe 6: Das Briefende
	273	Kundenservice	Was schicken Sie dem Kunden nach dem ersten Gespräch?
	274	Verkaufsunterstützung	Ein Unternehmen kann es sich nicht leisten, seine Führungskräfte von der Mitarbeit im Vertrieb zu befreien!
	275	Führen	„Ich versuche es einmal"
	276	Verkaufen	Sie sind schon der Dritte, der mich anspricht!
3/1991	–	Kommentar	Motivieren Sie Ihre Mitarbeiter systematisch durch Handlungsspielräume
	277	Kundenservice	Wofür wir dankbar sind
	278	Führen	Verkaufserfolge sichtbar machen (7)

279	Kundenservice	Kundenorientierte Briefe 7: Sonderbriefformen
280	Arbeitstechniken	Der Beratungsbogen
281	Verkaufen	Erinnern Sie sich noch?
282	Argumentieren	Mit ZDF-WISO erfolgreich verkaufen

Die Autoren

Günther Geyer

Dipl.-Kfm. Günther Geyer, Jahrgang 1951, ist selbständiger Management- und Verkaufstrainer sowie Unternehmensberater. Er leitet das Trainings- und Beratungsteam GEYER & PARTNER in Bensheim/Bergstraße.

Nach dem Studium sammelte er Erfahrungen im Wertpapier- und im Kreditgeschäft einer überregionalen Geschäftsbank. Über eine erfolgreiche Marketingarbeit wurde er Weiterbildungsleiter in der Kreditwirtschaft. Seit 1980 arbeitet er freiberuflich.

Heute gehört er zu den führenden Trainern im deutschsprachigen Raum. Er betreut vor allem Kreditinstitute und Verbände der Kreditwirtschaft von Hamburg über Frankfurt bis nach Wien. Führungs-, Verkaufs- und Mitarbeitertrainings sowie vertriebs- und trainingsorientierte Beratungen gehören zu seinem Leistungsangebot.

Günther Geyer ist gern gesehener Gastredner bei Kongressen und Kundenveranstaltungen. Er hat eine lange Reihe von Artikeln in Fachzeitschriften veröffentlicht. Seine Fachbücher *„Das Beratungs- und Verkaufsgespräch in Banken – Bankleistungen erfolgreich verkaufen"*, *„Kredite aktiv verkaufen"*, und *„Telfonpraxis in Banken – Kunden besser betreuen, Leistungen erfolgreicher verkaufen"* liegen inzwischen in mehreren aktualisierten Auflagen vor. Sie sind inzwischen zu Standardwerken zum Verkauf von Bankdienstleistungen geworden.

Seit Oktober 1986 bildet er mit Wolfgang Ronzal die Redaktion für den monatlichen Praxisdienst *„Erfolgreicher Führen und Verkaufen in der Zweigstelle – für Filial-, Geschäftsstellen- und Zweigstellenleiter von Banken und Sparkassen"*.

Wolfgang Ronzal

Wolfgang Ronzal, Jahrgang 1942, ist in der Ersten österreichischen Spar-Casse-Bank Leiter für Marketing und Werbung sowie Bereichsleiter für Geschäftsstellen. Das Wiener Kreditinstitut hat 1990 eine Bilanzsumme von ca. 23 Mrd DM, beschäftigt rund 3.000 Mitarbeiter und unterhält 150 Geschäftsstellen in Österreich.

Wolfgang Ronzal trat nach dem Abitur 1960 in Die Erste österreichische Spar-Casse-Bank ein und sammelte praktische Erfahrungen im Zweigstellengeschäft und im Außendienst. An der Wirtschaftsuniversität Wien absolvierte er den Hochschullehrgang für Werbung und Verkauf. 1967 wurde er Geschäftsstellenleiter, 1973 baute er die Abteilung Absatzunterstützung und Verkaufsförderung auf. Er übernahm 1983 als Filialdirektor die Verkaufsleitung für 13 Geschäftsstellen. Heute ist er Leiter von 2 Bereichen, im Stabsbereich Leiter für Marketing und Werbung und im Vertriebsbereich verantwortlich für 30 Geschäftsstellen. Mit dieser Konstellation gelingt es, Konzeption und Praxis miteinander optimal zu verbinden.

Seit Jahren ist er nebenberuflich Referent an der Nürnberger Akademie für Absatzwirtschaft, bei der er folgende Seminare leitet:

- Angewandtes Marketing für den Zweigstellen-/Filialleiter
- Die Organisation, Führung und Aktivierung von Filialen/Zweigstellen durch die Zentrale
- Das Marketing von Banken und Sparkassen
- Erfolgreich Verkaufen in der Bank

Wolfgang Ronzal ist heute führender Experte für Bank-Marketing und -Verkauf im deutschsprachigen Raum. Als Redner bei Kongressen und Tagungen ist er gefragt; zu Führungskräftetrainings wird er gerne von deutschen Banken und Sparkassen eingeladen.

Seit Oktober 1986 bildet er mit Günther Geyer die Redaktion für den monatlichen Praxisdienst „*Erfolgreicher Führen und Verkaufen in der Zweigstelle – für Filial-, Geschäftsstellen- und Zweigstellenleiter von Banken und Sparkassen*“.